施工项目全生命周期财务管理解析

杨慧斌　盛敬厚　韩顺超　著

经济日报出版社

北京

图书在版编目 (CIP) 数据

施工项目全生命周期财务管理解析 / 杨慧斌 , 盛敬厚 , 韩顺超著 . — 北京 : 经济日报出版社 , 2025. 6.

ISBN 978-7-5196-1583-3

Ⅰ . F407.967.2

中国国家版本馆 CIP 数据核字第 2025DE5884 号

施工项目全生命周期财务管理解析

SHIGONG XIANGMU QUANSHENGMING ZHOUQI CAIWU GUANLI JIEXI

杨慧斌　盛敬厚　韩顺超　著

出版发行 : 经济日报出版社
地　　址 : 北京市西城区白纸坊东街 2 号院 6 号楼
邮　　编 : 100054
经　　销 : 全国各地新华书店
印　　刷 : 武汉怡皓佳印务有限公司
开　　本 : 710mm×1000mm　1/16
印　　张 : 12.75
字　　数 : 201 千字
版　　次 : 2025 年 6 月第 1 版
印　　次 : 2025 年 6 月第 1 次印刷
定　　价 : 72.00 元

在当今全球化与快速变化的建筑行业中，施工项目的财务管理扮演着至关重要的角色。从项目萌芽的最初设想到最终交付运营的每一个环节，财务管理不仅是项目成功的基石，更是企业稳健发展和竞争力提升的关键。随着建筑项目的规模日益扩大、复杂度不断提高，全生命周期的财务管理理念显得尤为重要。它不仅要求项目管理者具备深厚的财务知识，更需具备前瞻性的战略眼光和精细化的操作能力。

本书正是基于这一背景应运而生，旨在为项目管理者、财务人员及相关利益者提供一套全面、系统且实用的财务管理框架。通过对施工项目从启动、规划、执行、监控与评估到结束与交付的全生命周期进行深入剖析，本书详细阐述了每一阶段财务管理的要点、挑战及应对策略。

本书不仅涵盖了传统的财务理论和实践，更紧密结合了当前建筑行业的最新趋势和案例分析。我们选取了铁路、高速公路等具有代表性的大型施工项目作为研究对象，通过详细解析这些项目在不同阶段的财务管理实践，为读者提供了宝贵的经验和启示。同时，本书还注重实用性和可操作性，通过具体的操作流程、案例分析和实战技巧，帮助读者将理论知识转化为实际工作中的能力。

在项目全生命周期的视角下，财务管理不再是单一环节的工作，而是贯穿项目始终的系统性工程。本书将引导读者深入理解每一阶段财务管理的内在联系和相互影响，学会如何运用先进的财务管理工具和方法，确保项目资金链的稳定、优化资源配置、提升经济效益，并有效防范各类财务风险。

希望通过本书的学习，读者能够掌握施工项目全生命周期财务管理的核心要点，提升项目管理的效率和水平，为企业的可持续发展和市场竞争力的提升奠定坚实基础。同时也希望本书能成为广大项目管理者和财务人员的得力助手，助力你们在复杂多变的建筑行业中稳健前行。

著者

2025 年 2 月

目录 CONTENTS

第一章　施工项目财务管理概述

第一节　施工项目财务管理的重要性

一、保障项目资金链稳定

施工项目财务管理在保障资金链稳定方面意义重大。在项目启动初期，财务部门需依据项目整体规划、施工进度安排以及市场价格预测，制定全面的资金预算方案。此方案要明确各阶段资金需求规模，并规划好资金来源及调配时机。一方面，企业要合理统筹内部自有资金，优化资金使用效率；另一方面，要积极拓展外部融资渠道，如与银行建立良好合作关系获取贷款，探索引入产业基金等，以确保项目在各个阶段都能按时、足额获得资金支持，避免因资金短缺导致项目停滞或延误。

二、优化资源配置提升综合效益

基于资源合理配置实现效益最大化的经济学原理，施工项目财务管理在资源配置中发挥关键引导作用。财务人员借助先进的项目管理系统，对人力、物力等资源进行精细化管理。在设备资源配置上，要综合考虑设备购置成本、使用周期、二手市场价值、转场便利性等因素，决定设备购置或租赁方案，以降低设备总体成本，提高设备利用率。在人力资源配置方面，依据人工成本预算和各施工环节工作量、技术难度，合理安排施工人员数量和进场时间，避免人员闲置或过度紧张，提升施工效率，实现资源投入产出效益的优化。

三、经济效益提升增强企业竞争力

根据成本领先战略有助于企业获取竞争优势的理论，施工项目财务管理与项目盈利水平和企业竞争力紧密相关。在项目招投标阶段，财务人员需与多领域专家协作，运用成本估算模型和大数据分析技术，全面测算项目直接成本和间接成本，结合企业盈利目标和市场竞争态势制定投标报价策略，确保项目中标后有合理利润空间。项目建设阶段，建立严格的成本控制体系，实时监控成本支出，通过优化采购流程、推动新技术应用等方式降低成本，提高项目实际利润，从而增强企业在市场中的核心竞争力，为企业可持续发展奠定基础。

四、确保项目合规性并防范风险

在现代企业管理中，合规经营是企业稳健发展的基石。施工项目财务管理作为企业内部控制核心，通过合同管理、税务处理和审计监督等手段确保项目合规。合同签订时，财务人员与法务团队共同审核合同条款，包括价格、支付、违约、质量保证、变更索赔等，确保合同严谨合法，避免财务纠纷和法律风险。税务处理方面，密切关注税收政策变化，精准把握税收优惠和申报要求，按时足额纳税，防范税务违规带来的损失，维护企业声誉，为项目顺利实施和企业稳定发展营造良好环境。

第二节 施工项目全生命周期的阶段划分

一、项目管理理论基础

项目管理知识体系（PMBOK）将项目全生命周期划分为多个阶段，各阶段相互关联且具有特定目标和任务，通过有效的管理手段实现项目从启动到收尾的顺利推进，达成项目的预期成果，同时满足相关方的需求和期望。在施工项目中，这些阶段的合理划分和有效管理对于项目的成功实施至关重要，而财务管理作为项目管理的核心组成部分，贯穿于项目的各个阶段，为项目的资源配置、成本控制、效益提升以及风险防范提供关键支持和保障。

二、施工项目全生命周期各阶段详解

（一）启动阶段

1. 起止标志与关键节点

起始：因组织战略规划、市场需求洞察或政策导向等，项目构想初步形成。

结束：项目通过可行性研究评估，获得相关部门或利益相关者的立项批准。

2. 工作内容

开展可行性研究，从技术、经济、环境等多维度进行分析。技术上，勘察项目所在地的地质、地形等条件，以确定合适的施工技术和方法；经济上，预测项目成本、收益，分析盈利能力和偿债能力；环境方面，评估项目对生态环境的影响，制定相应保护措施。明确项目目标与范围，确订项目的具体实施内容、边界条件、技术标准等，同时规划合理的建设工期，制定项目里程碑计划。组建专业项目团队，涵盖项目经理、各领域技术专家、财务人员、法律顾问等，明确各成员职责，为项目推进提供人力保障。

3. 财务活动

承担可行性研究费用支出，包括地质勘探、市场调研、环境影响评价等方面的费用，这些费用是项目决策的重要依据。初步估算项目投资规模，基于可行性研究结果，对项目建设所需的各类成本进行测算，规划资金来源渠道及大致比例。

（二）规划阶段

1. 起止标志与关键节点

起始：项目立项获批后，项目团队开始编制详细项目计划。

结束：各类详细计划，如施工、采购、财务计划等，通过内部审核、外部专家评审并获得批准。

2. 工作内容

制订详细项目计划，运用项目管理工具和方法，明确项目进度、质量、资源、风险等各方面的管理计划。进度计划确定各项工作的时间安排和逻辑关系；质量计划明确质量标准和控制措施；资源计划规划各类资源的需求和供应；风险管理计划识别项目风险并制定应对策略。开展项目设计工作，综合考虑多方面因素，对项目的线路、站点、工程结构等进行设计优化，完成详细设计图纸和文件编制。编制项目预算，在项目计划和设计方案基础上，对项目成本进行精细化估算和分类汇总，考虑各种成本影响因素，明确各种成本科目的预算金额、控制标准和核算方法。

3. 财务活动

细化项目预算编制，将投资估算分解为具体成本科目，如人工、材料、设备租赁、分包工程、间接费用等，明确各科目预算金额及控制措施。制订项目融资计划，根据项目预算和企业资金状况，确定资金来源和融资结构，综合考虑融资成本、期限等因素，进行多方案比选和优化，制订融资实施计划和资金使用计划。

（三）执行阶段

1. 起止标志与关键节点

起始：项目开工令下达，项目进入实质性施工建设阶段。

结束：项目主体工程基本完工，达到初步验收条件。

2. 工作内容

组织实施工程建设，按照项目计划和设计要求，开展现场施工活动，包括路基、桥梁、隧道、轨道等工程施工，以及设备安装调试工作，同时加强材料采购供应管理。建立项目管理信息系统，利用信息化技术对项目进度、质量、成本、安全等信息进行实时采集、传输、处理和分析，为项目决策提供支持。实施项目质量控制和安全管理，建立健全质量保证和安全管理体系，加强施工过程的质量检验和安全监督。

3. 财务活动

进行大规模资金投入和资金管理，按照项目进度和预算安排拨付工程款项，建立资金使用跟踪和监控机制，优化资金使用效率。进行成本控制与核算，建立成本核算体系，实时记录、核算和分析成本支出，与预算对比，发现偏差及时采取控制措施。对项目各类合同进行严格管理，从合同签订前的审查，到履行过程中的跟踪，再到变更管理和支付结算，确保合同管理的规范化和合法化。

（四）监控与评估阶段

1. 起止标志与关键节点
起始：项目执行阶段开始，同步开展项目监控与评估工作。

结束：项目竣工交付前，完成最终项目绩效评估和验收评估。

2. 工作内容
建立项目监控指标体系，运用项目管理工具和技术，对项目进度、质量、成本、安全等关键指标进行实时监测和定期评估。开展项目绩效评估，定期对项目整体绩效进行综合评估，包括项目目标完成情况、经济效益、社会效益、环境效益等方面。实施项目变更管理，对项目实施过程中的变更进行严格管理，建立规范的变更管理流程。

3. 财务活动
收集与分析财务数据，及时收集项目执行中的各项财务数据，深入分析为项目监控和绩效评估提供支持。进行预算调整与成本控制，根据监控和评估结果，适时调整项目预算，采取有效措施控制成本。建立财务风险预警与应对机制，对可能出现的财务风险进行实时监测和预警，提前制定应对措施。

（五）收尾阶段

1. 起止标志与关键节点
起始：项目主体工程完工后，开始项目竣工验收、结算、资产交付及资料归档等工作。

结束：项目竣工验收合格，竣工结算完成，资产交付，资料归档，遗留问题解决。

2. 工作内容

完成项目竣工验收工作，组织相关部门和单位依据标准规范对项目进行全面检查和验收，对发现的问题整改至合格。进行竣工结算工作，对项目各项费用进行最终结算，财务部门会同相关部门审核结算报告，解决遗留财务问题。完成资产交付和项目资料归档工作，将固定资产移交给运营单位，办理交付手续，同时整理归档项目资料。

3. 财务活动

编制竣工结算报告，全面反映项目从筹建到竣工交付的财务状况和建设成果，包括总投资、成本、资产、资金来源运用及投资效益分析等。进行财务清算与资金结余处理，核实项目资金收支，清理债权债务，按规定处理结余资金。配合财务审计与监督，审计部门对项目财务活动进行全面审查，财务部门配合整改，建立长效监督机制。

第三节　财务管理在施工项目中的作用与挑战

一、财务管理在施工项目中的核心作用

财务管理在施工项目中的核心作用体现在多个方面。首先，资金筹集与调配是项目顺利开展的基石，需要综合考量企业自身资金状况与外部融资渠道，通过合理规划和使用先进资金管理系统，确保资金在项目各环节的高效利用和资金链的稳定顺畅。其次，成本核算与控制是决定施工项目盈利能力和企业经济效益的关键因素，从项目规划阶段开始就要对各项成本进行精确预估，并建立严格的成本核算体系，及时发现并纠正成本偏差，实现项目成本的精细化管理。此外，施工项目还面临着多方面的财务风险，因此建立有效的财务风险预警与应对机制至关重要，包括针对市场价格波动、政策法规变化和汇率风险等制定相应的预警和应对预案。最后，准确评估施工项目的效益，涵盖经济效益、社会效益和环境效益等多个维度，为企业投资决策、项目优化及资源配置提供关键依据，助力企业实现可持续发展。

二、财务管理在施工项目中面临的挑战

财务管理在施工项目中面临着诸多挑战。首先，建筑市场原材料价格和劳动力成本的频繁且大幅度波动，给施工项目的财务预算带来极大不确定性，无论是签订采购合同还是劳务分包合同，都面临因价格波动带来的成本风险，严重影响项目的成本控制和利润目标。其次，铁路项目作为基础设施建设的重点领域，受到国家政策法规的严格监管，政策法规的频繁调整，特别是环保、安全、质量等方面的标准和要求不断提高，以及税收政策的变动，都增加了财务管理的复杂性和合规性风险。最后，铁路项目线路长、涉及地域广、施工条件复杂，不同地区的环境和条件差异大，众多利益相关者的不同利益诉求容易引发合同纠纷和索赔事件，同时现场施工条件的复杂多变也可能对项目造成经济损失，这些都加大了项目的财务风险，给财务管理带来了极大挑战。

第二章 项目启动阶段的财务规划

第一节 项目预算编制的基本原则

项目预算编制的基本原则包括科学性、准确性、完整性和灵活性，这些原则在铁路项目预算编制中得到了充分体现。科学性原则要求预算编制过程遵循客观规律，采用科学的方法和技术手段。在工程量计算环节，依托先进的测量技术和精确的勘察设计资料，如利用 GPS 和全站仪进行地形测绘，确保工程量数据准确无误。在施工工艺和方法选择上，基于铁路项目的技术标准和现场实际条件，遵循行业最佳实践和技术规范，通过详细的技术经济分析确定每种施工工艺的资源消耗和成本构成。同时，充分运用现代信息技术和数据分析方法，如大数据分析市场价格走势、项目管理软件模拟和优化资源分配，确保预算编制的科学性和合理性。准确性原则强调预算编制的精准程度，要求预算数据与项目实际情况高度吻合。以铁路轨道工程为例，对每一种轨道部件进行详细的规格型号确认和数量统计，严格按照国家和地方的相关计价定额、取费标准执行费用计算，确保预算的准确性。完整性原则要求项目预算应涵盖项目建设全过程中所有可能发生的费用支出，包括直接成本、间接成本以及各项税费、不可预见费等。在铁路项目中，除了工程实体建设所需的费用外，还包括通信信号系统、电力供应系统等专项工程费用，以及管理费用、勘察设计费用、监理费用等间接成本，确保预算内容全面完整。灵活性原则考虑到项目在实施过程中可能面临的各种不确定性因素，如市场价格波动、政策法规变化等，在预算编制时预留一定的弹性空间。例如，对于主要原材料和设备的采购预算，采用动态价格调整机制，与供应商签订含有价格调整条款的采购合同，预留设计变更费用等，以便在实际情况发生变化时能够及时调整预算，确保项目的顺利推进和资金的合理使用。

第二节 成本估算与控制方法

一、成本估算方法

　　成本估算方法主要包括类比估算、参数估算和自下而上估算。类比估算依据相似项目在成本结构和驱动因素上的相关性，通过识别并量化新项目与历史参考项目在项目规模、技术规格、地理环境和施工条件等关键维度的相似程度，以已知项目的实际成本为基础，运用适当的调整系数来推算新项目的成本范围，适用于项目早期阶段进行初步的经济可行性评估。参数估算则运用数理统计方法，建立项目成本与一个或多个决定成本的关键参数之间的量化函数关系，如线路长度、桥梁和隧道的总长度、土石方工程量、车站数量及规模等，通过构建成本估算模型，在面对新项目时只需确定其对应的参数值即可计算出成本估算值，适用于具有明确可量化参数且参数与成本之间存在稳定关系的铁路项目部分或阶段。自下而上估算遵循工作分解结构原理，将铁路项目按层级逐步细化分解为最小的工作单元或工作包，对每个底层工作包的成本进行详细估算，然后按照层次结构自底层向上逐级累加各工作包的成本，最终汇总得到项目的总成本，适用于项目详细设计完成、施工方案明确、工作范围清晰界定的情况下，为项目成本控制提供精确的目标值和详细的成本基线，确保成本管理的精细化和准确性。

二、铁路项目成本构成要素及估算实例

（一）人工成本

　　人工成本涵盖了从项目前期筹备、工程施工到项目收尾阶段的所有直接和间接人工工时费用。对于某铁路隧道工程，根据施工组织设计和劳动定额，确定不同施工工序所需的工种及人工工时数量。假设隧道开挖每立方米

需人工工时为 h_1 小时，按照当地劳动力市场平均工资 w_1 元／小时计算，若隧道开挖工程量为 V 立方米，则隧道开挖人工成本 $C_{h1}=V \times h_1 \times w_1$。例如，若 $h_1=8$ 小时，$w_1=30$ 元／小时，V=10 万立方米，则隧道开挖人工成本为 $100\,000 \times 8 \times 30=2\,400$ 万元。

对于复杂的铁路工程项目，如大型车站建设，涉及多个专业工种和施工阶段，需分别计算各阶段和工种的人工成本后汇总。如基础工程阶段钢筋工、混凝土工等工种的工时消耗分别为 h_{g1}、h_{c1}，对应工资标准为 w_{g1}、w_{c1}，基础工程工程量为 V_1，则基础工程人工成本 $C_{b1}=V_1 \times （h_{g1} \times w_{g1}+h_{c1} \times w_{c1}）$。主体结构施工阶段木工、架子工等人工成本 C_{b2}，以及装饰装修阶段各工种人工成本 C_{b3}，依次累加得到车站建设项目的人工总成本 $C_h=C_{b1}+C_{b2}+C_{b3}$。

（二）材料成本

铁路项目材料成本占比较大，包括钢材、水泥、木材、轨枕、道砟等主要材料以及各类辅助材料。以铁路桥梁工程为例，根据设计图纸确定钢材用量 M_s，如某桥梁设计需用 Q345 钢材 $M_s=5\,000$ 吨，市场采购价格为 p_s 元／吨，则钢材成本 $C_s=M_s \times p_s$。水泥用量根据混凝土配合比和工程量计算，若每立方米混凝土需水泥 m_c 吨，桥梁混凝土总量为 V_c 立方米，水泥采购价格为 p_c 元／吨，则水泥成本 $C_c=V_c \times m_c \times p_c$。例如，若 $m_c=0.4$ 吨，$V_c=2$ 万立方米，$p_c=500$ 元／吨，则水泥成本为 $20\,000 \times 0.4 \times 500=400$ 万元。

对于轨枕和道砟等材料，根据铁路线路长度 L 和铺设标准计算用量和成本。如某标准轨距铁路线路长 L=100 千米，每千米需轨枕 N_p 根，轨枕采购价格为 p_p 元／根，则轨枕成本 $C_p=L \times N_p \times p_p$；每千米需道砟 V_z 立方米，道砟采购价格为 p_z 元／立方米，则道砟成本 $C_z=L \times V_z \times p_z$。将各类材料成本累加得到桥梁工程材料总成本 $C_m=C_s+C_c+C_p+C_z$，进而汇总至整个铁路项目材料成本。

（三）机械设备成本

机械设备成本包括设备购置、租赁、折旧、维护、燃料消耗以及设备进出场运输等费用。例如，某铁路路基填筑工程租用一台大型推土机，租赁费用为每月 r 元，预计使用 t 个月，则租赁成本 $C_r=r \times t$。同时，考虑推土机每工作小时燃油消耗约 q 升，柴油价格为 p_d 元／升，若施工期间累计工作 h 小时，则燃油成本 C_f=h×q×p_d。例如，若 r=5 万元 / 月，t=6 个月，q=30 升 / 小时，p_d=7 元 / 升，h=1 000 小时，则租赁成本为 5×6=30 万元，燃油成本为 1 000×30×7=21 万元。

对于大型铁路建设项目，如隧道施工中的盾构机，购置成本高昂，需考虑设备的折旧费用。假设一台盾构机购置价格为 P 万元，预计使用寿命为 D 千米隧道施工，每千米折旧费用为 d=P/D 万元。加上设备的定期维护保养费用 M（每次维护费用为 m 万元，预计施工期间需维护 n 次，则 M=m×n），将各项费用综合计算得到盾构机在该隧道项目中的总成本 C_e=d×L_e+M（其中 L_e 为该隧道盾构施工的长度），再汇总其他机械设备成本得到项目机械设备总成本。

（四）临时设施成本

临时设施成本包括施工场地的临时道路、临时水电设施、临时办公和生活用房、材料堆放场地等建设和拆除费用。以某铁路项目施工现场为例，修建临时道路长度为 L_r 千米，每千米建设成本为 C_r 万元，则临时道路成本 C_{r1}=L_r×C_r。搭建临时办公和生活用房面积为 A 平方米，每平方米建设成本为 C_a 元，则临时房屋建设成本 C_a=A×C_a。例如，若 L_r=5 千米，C_r=20 万元 / 千米，A=2 000 平方米，C_a=800 元 / 平方米，则临时道路成本为 5×20=100 万元，临时房屋成本为 2 000×800=160 万元。

临时水电设施安装费用为 C_u 万元，材料堆放场地平整和硬化费用为 C_s 万元。在项目结束后，拆除这些临时设施的费用预计为建设费用的 k（如 k=0.3）倍，即拆除成本 C_d=（C_{r1}+C_a+C_u+C_s）×k。将临时设施的建设和拆除费用相加，得到该铁路项目临时设施总成本 C_t=C_{r1}+C_a+C_u+C_s+C_d。

第三节　资金筹集与投资回报分析

一、资金筹集渠道——以铁路项目为例

自有资金、银行贷款、债券发行和股权融资是铁路项目融资的四种主要

方式，各具特点、优点与缺点，并适用于不同的条件。

自有资金是企业内部长期积累形成的可自主调配资金，源于留存收益、折旧资金及股东初始投入，具有高度的灵活性和稳定性。企业对其拥有完全支配权，无须履行外部偿债义务，可根据项目进展随时调整资金安排，迅速响应项目前期筹备阶段的紧急资金需求。其优点在于增强了企业的抗风险能力，为项目提供了坚实可靠的财务基础，且不会改变企业股权结构和治理模式，有利于企业长期战略布局的实施。然而，自有资金规模受限，可能无法满足大型铁路项目的庞大资金需求，且投入到铁路项目中意味着企业放弃了其他投资项目的潜在收益，构成了机会成本。因此，自有资金主要适用于小型铁路支线项目、铁路专用线项目或大型铁路项目前期筹备阶段的启动资金。

银行贷款是铁路项目融资中最为常见且重要的方式。银行会对项目的可行性、预期收益、企业信用状况、还款能力及担保措施等进行全面审查评估，一旦贷款审批通过，将按照合同约定提供资金支持。银行贷款的优点在于能够为铁路项目提供大规模的资金支持，且利率相对稳定，具有一定的成本优势。同时，还款方式灵活多样，企业可以根据项目现金流情况合理选择和调整。但银行贷款也会给企业带来较高的财务风险，主要体现在偿债压力方面，且审批条件严格，对企业的综合实力和项目可行性提出了很高要求。

债券发行是企业面向社会公众或特定投资者募集资金的一种重要债务融资工具。债券发行能够筹集到数额可观的资金，且融资成本相对固定，便于企业进行长期的财务预算和成本管理。同时，债券发行不会对企业的股权结构产生稀释作用，保护了原有股东权益。然而，债券发行会给企业带来较大的偿债压力，尤其是在债券到期时，且债券市场受市场利率波动的影响较大，会给企业的债券融资带来一定风险。此外，债券发行还需要企业满足一定的信用等级和市场准入条件，增加了企业的融资门槛和成本。

股权融资是企业通过出让部分股权给投资者以换取项目建设所需资金的一种融资方式。股权融资最显著的优点在于无须偿还本金，为企业提供了极大的资金灵活性和财务安全性，尤其适用于铁路项目建设初期和运营初期。引入战略投资者还可以优化企业的治理结构和提升管理水平。但股权融资会导致企业原有股东的股权被稀释，可能削弱原有股东对企业的控制权和决策权，并带来利润分配压力。因此，股权融资适用于具有高成长性、高风险、资金需求大且现有股东愿意适当稀释股权以换取长期发展资金和战略资源的铁路项目和企业。

二、资金筹集方式选择与优化

（一）案例对比分析

1. 案例一：大型高速铁路干线项目

（1）项目概况

某新建高速铁路干线项目，全长1 500千米，设计时速350千米，预计总投资1 200亿元，建设周期6年，运营初期预计年客流量8 000万人次，随着运营的逐步成熟和经济的发展，客流量预计将以每年10%左右的速度增长。该项目采用了先进的无砟轨道技术和智能高铁运营系统，技术标准高、建设难度大，涉及大量的桥梁、隧道和复杂的地质条件，对资金的需求量巨大且持续时间长，同时项目的盈利能力与宏观经济形势、区域经济发展、市场竞争状况以及技术的稳定性和先进性等因素密切相关，具有较高的风险和不确定性。

（2）资金筹集方案

项目启动初期，企业投入自有资金200亿元，占总投资的16.7%，主要用于项目的前期筹备工作，包括项目的可行性研究、勘察设计、土地征用以及部分关键技术的研发和前期设备的采购等，充分发挥自有资金使用灵活、决策迅速的优势，为项目的顺利启动奠定基础；向银行申请长期贷款600亿元，贷款期限25年，年利率4.2%，采用等额本息的还款方式，银行贷款为项目的主体建设提供了稳定且大规模的资金支持，满足了项目在基础设施建设、大型设备购置、技术引进等方面的巨额资金需求；发行债券300亿元，期限15年，票面利率4.8%，通过债券市场吸引了广泛的社会资金，进一步补充了项目建设资金，并优化了债务结构，使得项目的资金来源更加多元化；剩余100亿元通过股权融资的方式筹集，出让企业15%的股权并引入了具有丰富铁路建设运营经验和强大市场资源的战略投资者，这些战略投资者不仅为项目带来了资金，还在技术研发合作、市场拓展、运营管理经验分享等方面提供了有力的支持，与企业共同承担项目风险，分享项目未来的收益增长。

（3）现金流影响分析

在建设期间，银行贷款和债券发行资金按照项目的建设进度逐步到位，确保了项目建设的顺利进行，但每年需要支付高额的利息，例如，在建设的前3年，银行贷款利息支出每年约为 $600 \times 4.2\% = 25.2$ 亿元，债券利息支出每年约为 $300 \times 4.8\% = 14.4$ 亿元，这对项目的现金流造成了较大的压力。股权融资资金的注入无须偿还本金和利息，在一定程度上减轻了项目前期的现金流负担，同时战略投资者的加入为项目带来了额外的业务合作机会和潜在的资金流入，例如，战略投资者协助企业与沿线地方政府和企业达成了一系列的合作开发协议，包括车站周边商业综合体的开发、物流园区的共建等，预计在项目运营初期每年可增加收入5亿~10亿元，这对于改善项目整体的现金流状况起到了积极的作用。运营初期，随着客流量的逐步增长，项目的收入开始增加，但由于前期债务负担较重，仍需要精心安排资金用于偿还贷款本金和利息以及支付运营成本等。例如，在运营的第4年，项目收入达到120亿元，扣除运营成本60亿元后，剩余60亿元，按照还款计划，当年偿还银行贷款本金约30亿元，支付银行贷款利息和债券利息共约30亿元，剩余资金用于股东分红和项目的日常维护及技术升级等。通过合理的资金安排，保障了项目的财务可持续性和投资者的合理回报，同时也为项目的进一步发展奠定了基础。

2. 案例二：地方铁路支线项目

（1）项目概况

某地方铁路支线项目，全长120千米，设计时速120千米，总投资80亿元，建设周期3年，主要服务于当地的工业园区和矿产资源运输，运量相对稳定，预计每年货运量在1 000万吨左右，随着当地经济的适度增长，货运量有望以每年5%左右的速度递增。该项目技术难度相对较低，采用了较为成熟的铁路建设技术和运营模式，收益相对平稳且可预测性较强，但由于当地经济发展水平和产业结构的限制，项目的盈利能力提升空间有限，同时也面临着一定的市场竞争风险和政策风险，如周边公路运输的竞争以及国家对铁路货运政策的调整等。

（2）资金筹集方案

企业自有资金投入25亿元，占总投资的31.25%，作为项目启动和前期建设的重要资金来源，由于项目规模相对较小，自有资金的较大比例投入能够在项目初期发挥关键作用，有效降低项目的财务风险，并确保项目能够按照计划顺利推进；银行贷款 45 亿元，贷款期限 18 年，年利率 4.8%，采用等额本金的还款方式，银行贷款为项目的主体建设提供了充足的资金支持，根据项目稳定的收益预期，合理安排债务偿还计划，使得项目在运营过程中能够逐步偿还债务，减轻财务压力；剩余 10 亿元通过发行企业债券筹集，期限 8 年，票面利率 4.2%，进一步优化了融资成本结构，补充了项目建设所需的资金缺口。

（3）现金流影响分析

项目建设期间，银行贷款和债券资金按进度到位，利息支出相对稳定，例如在建设的第 1 年，银行贷款利息支出约为 $45 \times 4.8\% = 2.16$ 亿元，债券利息支出约为 $10 \times 4.2\% = 0.42$ 亿元，企业通过合理安排自有资金和贷款资金的使用，保障了项目建设的顺利进行，同时也较好地控制了建设成本和资金流。项目运营后，货运收入相对稳定，每年约为 15 亿元（根据每吨千米运费和预计货运量计算得出），扣除运营成本 8 亿元和利息支出后，剩余资金用于偿还银行贷款本金和债券到期本金。例如，在运营的第 5 年，项目收入达到 16 亿元，扣除运营成本 8 亿元和当年利息支出（银行贷款利息约 1.8 亿元，债券利息约 0.5 亿元）后，剩余 5.7 亿元，按照还款计划，当年偿还银行贷款本金约 2.5 亿元和债券本金约 1.2 亿元。随着债务的逐步偿还，财务压力逐渐减轻，项目现金流保持稳定，确保了项目在经济上的可行性和可持续发展，为当地的经济发展提供了有力的支持。

（二）选择优化策略

1. 依据项目规模与资金需求

对于大型铁路项目，如高铁干线、重载铁路等，其资金需求往往高达数百亿元甚至上千亿元，单一的融资方式很难满足如此巨大的资金缺口。因此，需要综合运用多种融资渠道，充分发挥各自的优势，实现资金的有效筹集。例如，在上述大型高速铁路干线项目中，通过自有资金、银行贷款、债券发行和股权融资的组合方式，成功筹集了 1 200 亿元的建设资金，保障了项目的顺利实施。自有资金在项目前期发挥了关键的启动作用，银行贷款和债券发行提供了大规模的长期资金支持，股权融资则引入了战略资源并分担了部分风险。而对于小型地方铁路支线项目，由于其资金需求相对较小，通常在几十亿元以内，企业可以根据自身的资金实力和风险承受能力，适当提高自有资金的投入比例，以降低融资成本和财务风险。如在地方铁路支线项目中，自有资金占比达到31.25%，有效地减少了对外部融资的依赖，降低了项目的财务成本和风险水平，同时也增强了企业对项目的控制权和决策自主性。

2. 考虑项目周期与现金流特征

建设周期长的项目，如新建铁路干线，在建设初期往往需要大量的资金投入，但此时项目尚未产生收入，现金流紧张。因此，在项目建设初期，可以适当加大自有资金和股权融资的比例，以减少短期偿债压力，确保项目建设不受资金短缺的影响。例如，在大型高速铁路干线项目的建设初期，自有资金和股权融资的占比较高，为项目的顺利启动和前期建设提供了稳定的资金保障，避免了因过度依赖债务融资而导致的前期偿债压力过大和现金流断裂风险。随着项目进入运营阶段，收入逐渐增加，现金流状况逐步改善，此时可以合理安排银行贷款和债券的还款计划，使其与项目的现金流相匹配，确保债务的按时偿还，同时优化债务结构，降低融资成本。

3. 权衡风险与收益

对于风险承受能力较强且预期项目收益较高的项目，如具有创新性技术或连接经济发达地区的铁路项目，可以适当增加股权融资的比例，引入战略投资者共担风险共享收益，同时借助战略投资者的资源和能力，提升项目的竞争力和潜在收益。例如，在先进高铁技术研发项目中，通过股权融资引入了具有强大技术研发实力和丰富市场资源的战略投资者，不仅为项目提供了资金支持，还加速了技术研发进程，拓展了市场渠道，提高了项目的成功率和潜在收益。而对于风险相对较低、收益稳定的传统铁路项目，如普通铁路货运线路或既有铁路的升级改造项目，应优先选择银行贷款和债券发行等融资方式，以降低融资成本并保持企业的控制权。例如，在地方铁路支线项目中，由于其技术成熟、收益稳定，采用银行贷款和债券融资的组合方式，有效地控制了融资成本，确保了项目的顺利实施和稳定运营，同时保持了企业对项目的主导权和控制权，实现了企业在可接受风险水平下的稳定收益。

三、投资回报分析

（一）指标计算方法与经济意义

1. 净现值（NPV）

（1）计算方法：NPV$=\sum_{t=0}^{n}\frac{CF_t}{(1+r)^t}$，其中 CF_t 为项目在第 t 期的现金流量（包括初始投资和后续运营期的现金流入与流出），r 为折现率（通常采用企业加权平均资本成本或行业基准收益率），n 为项目计算期（建设周期与运营期之和）。例如，某铁路项目初始投资 150 亿元，建设周期 3 年，第 1–5 年运营期每年现金流入分别为 30 亿元、35 亿元、40 亿元、45 亿元、50 亿元，运营成本每年分别为 15 亿元、18 亿元、20 亿元、22 亿元、25 亿元，折现率为 8%。首先计算各年净现金流量：第 1 年为 30–15=15 亿元，第 2 年为 35–18=17 亿元，以此类推。然后将各年净现金流量按照 8% 的折现率进行折现：第 1 年折现值为 $\frac{15}{(1+0.08)^1}\approx13.89$ 亿元，第 2 年折现值为 $\frac{17}{(1+0.08)^2}\approx14.49$ 亿元，以此类推。最后将各年折现值累加并减去初始投资，即 NPV=（13.89+14.49+15.12+15.78+16.47）−150≈15.75 亿元。

（2）经济意义：NPV 反映了项目在考虑资金时间价值的前提下的盈利能力。当 NPV >0 时，表明项目预期收益超过投资成本和必要报酬率，经济上可行且能为企业创造价值，NPV 值越大，项目的经济效益越好；当 NPV=0 时，意味着项目收益刚好覆盖成本和必要报酬，处于盈亏平衡的边缘；当 NPV <0 时，表示项目预期收益无法弥补成本，经济上不可行，企业应谨慎投资或考虑优化项目方案。在上述例子中，NPV 为 15.75 亿元大于 0，说明该铁路项目在经济上具有吸引力，能够为企业带来正的价值增值，值得投资。

2. 内部收益率（IRR）

（1）计算方法：通过求解方程 $\sum_{t=0}^{n}\frac{CF_t}{(1+IRR)^t}=0$ 得到 IRR 值，通常采用迭代试错法或使用财务软件（如 Excel 的 IRR 函数）进行计算。例如，对于上述铁路项目，通过多次尝试不同的折现率，当折现率为 10% 时，计算得到的 NPV 约为 5.2 亿元；当折现率为 11% 时，NPV 约为 −1.8 亿元。继续调整折现率，经过多次迭代计算，最终得到 IRR 约为 10.5%。

（2）经济意义：IRR 是项目在整个计算期内实际能达到的投资回报率，代表了项目资金投入的实际盈利能力，IRR 越高，说明项目的盈利能力越强。当 IRR 大于企业的资金成本或行业基准收益率时，表明项目在经济上是可行的且具有投资价值，企业可以从该项目中获得超过其资金成本的回报；反之，若 IRR 小于企业资金成本或行业基准收益率，项目可能无法为企业带来足够的利润，甚至可能导致亏损，此时企业需谨慎考虑是否进行投资，或者需要对项目的方案、成本、收益等方面进行进一步优化和调整，以提高项目的投资回报率。在上述案例中，IRR 约为 10.5%，若企业的资金成本为 8%，行业基准收益率为 9%，则说明该项目的投资回报率高于企业的资金成本和行业基准收益率，具有较好的投资吸引力，企业可以预期从该项目中获得较为可观的收益，并且在与同行业其他项目的比较中也具有一定的竞争力，能够为企业的发展做出积极贡献。

3. 投资回收期（PP）

（1）计算方法

1）静态投资回收期

不考虑资金时间价值，从项目初始投资开始，累计净现金流量首次出现正值的年份减 1，再加上上年累计净现金流量绝对值除以当年净现金流量，即

$PP = T - 1 + \frac{|\sum_{t=0}^{T-1} CF_t|}{CF_t}$，其中 T 为累计净现金流量首次大于 0 的年份。例如，对于上述铁路项目，前 4 年累计净现金流量为（15+17+18+20）-150=-80 亿元，

第 5 年净现金流量为 25 亿元，则 $PP = 5 - 1 + \frac{80}{25} = 7.2$ 年。

2）动态投资回收期

考虑资金时间价值，计算方法类似，但使用折现后的净现金流量，即

$PP_d = T_d - 1 + \frac{|\sum_{t=0}^{T_d-1} CF_t|}{CF_{T_d}}$，其中 T_d 为累计折现净现金流量首次大于 0 的年份。假设折现率为 8%，计算各年折现净现金流量，如第 1 年折现值为 $\frac{15}{(1+0.08)^1} \approx 13.89$

亿元，以此类推，通过逐年计算得到 PP_d 约为 7.5 年。

（2）经济意义：投资回收期反映了项目回收初始投资所需的时间，回收期越短，说明项目资金回收速度越快，企业面临的资金占用风险相对越低，资金的流动性越好，企业可以更快地将回收的资金用于其他投资项目或业务发展，提高资金的使用效率和整体经济效益。一般企业会根据自身的经营状况、资金状况和投资策略设定一个可接受的投资回收期标准，例如 5 年或 6 年，如果项目的投资回收期小于该标准，则说明项目在资金回收方面具有优势，更符合企业的投资要求和财务目标；反之，如果投资回收期过长，企业可能需要承担较长时间的资金压力和风险，并且可能会错过其他更好的投资机会，此时企业需要对项目的可行性、收益预测、成本控制等方面进行更加深入的分析和评估，或者考虑采取措施缩短投资回收期，如优化项目运营流程、提高收入水平、降低成本支出等，以确保项目在经济上的可行性和投资的合理性。

（二）案例计算分析

1. 项目案例

某铁路货运专线项目，总投资 300 亿元，建设周期 3 年，运营期 15 年。预计第 1 年运营收入 40 亿元，之后每年以 6% 的速度增长，运营成本第 1 年 20 亿元，之后每年以 4% 的速度增长，企业资金成本 7%，行业基准收益率 8%。

2. 指标计算过程

（1）净现值（NPV）计算

1）首先计算各年净现金流量：

建设期间（第 1-3 年）净现金流量均为 -100 亿元（每年投资 100 亿元）。

运营期第 1 年净现金流量为 40-20=20 亿元。

运营期第 2 年净现金流量为 40×（1+6%）-20×（1+4%）=21.6 亿元。

以此类推，计算出运营期各年净现金流量。

2）然后将各年净现金流量按照 8% 的折现率进行折现：

第 1 年折现值为 $\dfrac{-100}{(1+0.08)^1} \approx -92.59$ 亿元。

第 2 年折现值为 $\dfrac{-100}{(1+0.08)^2} \approx -85.73$ 亿元。

第 3 年折现值为 $\dfrac{-100}{(1+0.08)^3} \approx -79.38$ 亿元。

运营期第 1 年折现值为 $\dfrac{20}{(1+0.08)^4} \approx 14.70$ 亿元。

以此类推，计算出各年折现值。

3）最后将各年折现值累加得到 NPV：

NPV=（−92.59−85.73−79.38+14.70+15.62+⋯）（逐年累加运营期折现值）≈ 45.8 亿元。

（2）内部收益率（IRR）计算

通过迭代试错法，从不同折现率开始计算 NPV：

当折现率为 9% 时，计算得到的 NPV 约为 12.3 亿元。

当折现率为 10% 时，NPV 约为 −5.8 亿元。

继续调整折现率，经过多次迭代计算，最终得到 IRR 约为 9.5%。

（3）投资回收期（PP）计算

1）静态投资回收期

前 6 年累计净现金流量为（−100×3+20+22.4+24.94+27.64+30.50）=−174.52 亿元。

第 7 年净现金流量为 $40 \times (1+6\%)^6 - 20 \times (1+4\%)^6 \approx 31.43$ 亿元。

$$PP = 7 - 1 + \dfrac{174.52}{31.43} \approx 11.6 \text{ 年。}$$

2）动态投资回收期

考虑 7% 的折现率，计算各年折现净现金流量，如第 1 年折现值为 $\dfrac{-100}{(1+0.07)^1} \approx -93.46$ 亿元，以此类推。

通过逐年计算得到 PP_d 约为 9.5 年。

3. 结果分析与决策建议

项目净现值（NPV）为 45.8 亿元，大于 0，表明项目经济可行且具吸引力，能为企业创造价值并超过投资回报要求。内部收益率（IRR）为 9.5%，高于企业资金成本 7%，但略低于行业基准收益率 8%，显示项目盈利且能覆盖资金成本，但在行业中投资效益中等。企业需综合考量项目战略意义、市场前景及风险等因素。投资回收期（静态 11.6 年、动态 9.5 年）较长，企业需关注资金流动性和财务状况，合理安排资金使用和融资，并考虑通过成本控制、市场开拓和运营流程优化等措施缩短回收期。基于此，企业应积极推进项目建设，严格控制成本，保证质量，实现预期现金流入和投资回报；运营阶段需持续关注市场需求和成本控制，挖掘项目潜力，如优化运输组织、拓展货源市场等，提前收回投资。鉴于项目经济效益良好，企业可参考本项目经验，适当扩大在铁路货运专线领域的投资规模，提升市场竞争力和持续发展能力。同时，将本项目作为成功案例展示，吸引更多资源和支持。实施过程中应密切关注风险因素，如货运需求下降、原材料价格上涨和竞争对手出现等，并制定应对措施。此外，与同行业项目对比，总结经验教训，为企业未来投资决策提供全面参考，不断优化投资组合和项目管理能力，提升在铁路行业的整体投资效益和市场地位。

第三章　投标与合同管理的财务策略

第一节　投标过程中的成本与风险评估

在建筑施工项目的投标阶段，精确的成本核算与严谨的风险评估是企业制定成功投标策略的关键要素，直接关系到项目的效益乃至企业的生存与发展。以下将以某建筑央企参与的铁路项目投标为例。

一、投标成本的精准核算

（一）标书制作成本

标书制作成本涵盖了文件编制、排版、打印、装订以及可能涉及的专业咨询等多个关键方面。对于该铁路项目，标书编制团队由 8 名资深且经验丰富的专业人员组成，他们具备深厚的铁路工程技术知识和标书编制经验。根据项目复杂程度和招标文件的详细且严格要求，预计投入 30 个人工日。公司内部对于此类专业人员的人工成本核算标准为每人每日 1 500 元，基于此，人工成本共计 8×30×1 500=360 000 元。在文件排版方面，为确保标书的专业性、规范性以及视觉呈现效果，聘请了业内一家在工程标书排版领域极具声誉的专业排版公司。该公司依据标书的技术图表数量、复杂程度、文字篇幅、格式要求的精细程度以及对排版软件的专业运用程度等多维度因素，收取费用 45 000 元。打印环节，经精确统计和细致核算，标书总页数为 1 000 页，采用符合档案长期保存标准的 80g A4 纸张，纸张单价为 0.3 元/页，因需制作 7 份标书以满足投标流程中的各项需求，打印成本为 1 000×0.3×7=2 100

元。装订采用精装工艺，每本装订成本 80 元，装订费用总计 80×7=560元。此外，针对项目中的若干技术难题，如特殊地质条件下的桥梁基础施工技术、复杂地形中的轨道铺设方案优化、新型信号系统的集成应用等，咨询了 5 位行业内顶尖的权威专家，每位专家咨询费 8 000 元，咨询费用共 5×8 000=40 000 元。

综合以上各项明细，该铁路项目标书制作成本为 360 000+45 000+2 100+560+40 000=447 660 元。

（二）项目前期调研成本

项目前期调研对于透彻且精准地把握项目实际情况，从而制定出合理、科学且具有竞争力的投标策略至关重要，其成本主要包括实地考察费用、信息收集与分析费用等核心部分。

在实地考察方面，调研团队前往项目所在地进行了为期 15 天的全面且深入考察。交通费用中，长途交通选择飞机经济舱，往返票价平均为 1 800 元 /人，调研团队共 10 人，长途交通费用为 10×1 800=18 000 元；当地交通采用租车形式，租用 4 辆汽车，每辆每天租金为 400 元，加上燃油费每天 200 元，当地交通费用总计（400+200）×15×4=36 000 元。

住宿方面，选择当地的商务酒店，平均每晚每间房费用为 500 元，共预订 6 间房，住宿 15 晚，住宿费用共计 500×6×15=45 000 元。

餐饮补贴按照每人每天 200 元的标准发放，共 10 人，餐饮费用总计 200×10×15=30 000 元。

在信息收集与分析方面，购买了当地详尽且精准的地质勘查报告、全面的气象资料、精确的交通流量统计数据以及丰富的周边工程建设案例分析等专业资料，花费 35 000 元；同时，利用一款专业的工程数据分析软件对收集到的海量信息进行深度处理和精准分析，软件使用授权费用为 18 000 元。

综上所述，项目前期调研成本为 18 000+36 000+45 000+30 000+35 000+18 000=182 000 元。

（三）投标保证金

投标保证金是投标过程中的一项重要资金占用，其金额通常根据投标总

施工项目全生命周期财务管理解析

价的一定比例严谨确定。该铁路项目投标总价预计为 70 000 万元，按照招标文件明确要求，投标保证金比例为 2%，即需缴纳投标保证金 1 400 万元。

在保证金缴纳期间，这部分资金将被冻结，无法用于其他投资或运营活动。考虑资金的时间价值和机会成本，假设同期银行活期存款利率为 0.3%，投标保证金的冻结期限为 90 天，则投标保证金的机会成本为 1 400 万元 × 0.3%×（90 天 ÷365 天）≈103 562 元。

（四）差旅费

差旅费主要囊括了参与投标的商务人员、技术人员以及其他相关人员因项目投标而产生的交通、住宿、餐饮和市内交通等必要费用。

商务人员多次往返项目所在地与公司总部进行商务洽谈和沟通协调，其中，乘坐高铁的次数为 8 次，平均每张高铁票价为 900 元，高铁费用总计 8×900=7 200 元；乘坐飞机的次数为 6 次，平均每张机票价格为 1 400 元，机票费用总计 6×1 400=8 400 元。

在项目所在地的住宿选择了中高端酒店，平均每晚每间房费用为 600 元，共住宿 10 晚，住宿费用为 600×4×10=24 000 元。

餐饮补贴按照每人每天 250 元的标准发放，商务人员共 4 人，餐饮费用总计 250×4×10=10 000 元。

市内交通采用出租车和地铁相结合的方式，预计每人每天费用为 120 元，商务人员共 4 人，市内交通费用总计 120×4×10=4 800 元。

技术人员前往项目现场进行技术勘查和方案论证，交通费用主要为长途汽车和火车卧铺，长途汽车费用为 2 000 元，火车卧铺费用为 2 500 元。

在项目所在地的住宿条件相对简洁实用，平均每晚每间房费用为 350 元，共住宿 8 晚，住宿费用为 350×3 10=10 500 元。

餐饮补贴按照每人每天 180 元的标准发放，技术人员共 3 人，餐饮费用总计 180×3×8=4 320 元。

市内交通主要依靠项目现场提供的通勤车辆和少量的出租车费用，预计每人每天费用为 70 元，技术人员共 3 人，市内交通费用总计 70×3×8=1 680 元。

综合计算，该铁路项目投标过程中的差旅费总计为 7 200+8 400+24 000+ 10 000+4 800+2 000+2 500+10 500+4 320+1 680=75 400 元。

（五）公关费用

公关费用是企业在投标过程中为了提升企业形象、加强与项目相关方的沟通与合作而产生的综合性费用，包括商务宴请、礼品赠送、项目宣传等关键方面。

在商务宴请方面，为与项目业主、招标代理机构以及当地政府相关部门建立良好且稳固的关系，共组织了 6 次宴请活动，每次宴请的平均费用为 6 000 元，餐饮费用总计 6×6 000=36 000 元。

礼品赠送方面，根据当地的文化习俗和商务礼仪规范，精心选择了具有企业特色、品质优良且富有纪念意义的礼品，共赠送 30 份，每份礼品的平均价值为 1 000 元，礼品费用总计 30×1 000=30 000 元。

项目宣传方面，制作了内容翔实、设计精美的项目宣传册，专业且富有感染力的企业宣传片等宣传资料，宣传册印刷费用为 15 000 元，宣传片制作费用为 25 000 元。

此外，还在当地的主要交通要道和商业区域投放了位置醒目、视觉效果突出的户外广告，广告投放费用为 30 000 元。

综上所述，公关费用总计为 36 000+30 000+15 000+25 000+30 000=136 000 元。

通过对以上各项成本的详细且精确核算，该建筑央企在 [具体铁路项目名称] 投标过程中的总成本为 447 660+182 000+103 562+75 400+136 000=944 622 元，这一精准的成本核算为后续的投标决策提供了坚实、可靠且准确的成本依据，有助于企业在投标过程中合理制定投标报价，有效避免因成本失控而对项目效益产生负面影响，从而确保企业在激烈的市场竞争中保持稳健的财务状况和良好的竞争力。

二、投标风险的量化评估与应对策略

（一）风险评估的理论方法与工具

在投标风险评估过程中，科学且精准地采用了风险矩阵和蒙特卡罗模拟两种广泛应用且行之有效的方法和工具，以此实现对投标风险的全面、深入且量化的评估。

风险矩阵是一种基于风险发生概率和影响程度两个关键维度的定性与定量相结合的评估方法。通过将风险发生概率精确划分为低、较低、中、较高、高五个层级，分别对应 1~5 分；同时将影响程度也细致划分为低、较低、中、较高、高五个层级，同样对应 1~5 分。二者乘积作为风险等级得分（1~25 分），从而能够精准且直观地确定风险的高低程度，快速且准确地识别出关键风险因素，为进一步深入的量化分析筑牢坚实基础，使企业能够迅速聚焦于那些对投标项目具有重大潜在影响的风险领域，以便及时采取针对性的措施进行应对和管理。

蒙特卡罗模拟则是一种基于概率统计理论的强大定量分析方法，其针对影响项目成本、工期、质量等关键指标的众多不确定性因素，如原材料价格波动、施工效率变化、地质条件复杂程度等，依据大量翔实的历史数据和专业领域的丰富经验，设定合理且符合实际情况的概率分布函数（例如，对于钢材价格波动，可能根据过往市场数据和行业趋势采用正态分布；对于施工效率变化，可能结合工程实际案例和团队经验采用三角分布等）。借助功能强大的计算机软件进行多次随机抽样（通常进行数万次甚至数十万次模拟，以确保结果的准确性和可靠性），高度模拟项目在各种不同情景下的实际实施过程，进而精确得出风险的概率分布以及可能的风险损失范围（如成本增加的具体金额范围、工期延误的详细天数范围等），为企业的风险决策提供极具准确性和科学性的依据，使企业能够在面对复杂多变的风险环境时做出明智、合理且有据可依的决策，从而有效降低风险对投标项目的潜在负面影响，提升项目成功实施的概率和整体效益。

（二）风险因素的识别与量化分析

1. 竞争对手的报价策略风险

通过对参与该铁路项目投标的竞争对手进行广泛、深入、细致且全面的市场调研，全面收集其过往投标报价历史数据（涵盖至少近 5 年的同类铁路项目投标报价详细记录，包括每个项目的报价金额、报价构成、与中标价格的对比分析等）、详细的成本结构（包括原材料采购渠道与精确成本，如不同供应商的采购价格、采购量及采购时间节点；劳动力成本构成及波动情况，如各工种的工资水平、工时计算方式以及劳动力市场供需变化对工资的影响；设备租赁或购置成本及折旧情况，如设备的租赁价格、租赁期限、购置成本、折旧方法及剩余价值等）、市场份额的动态变化以及所采用的竞争策略（如长期坚持的低价竞争策略，包括在哪些项目中采用低价策略、低价的幅度及实施效果；基于技术优势的差异化竞争策略，详细说明技术优势所在、如何转化为竞争优势以及在投标中的体现；针对特定项目的合作竞争策略，包括合作对象、合作方式、合作利益分配机制以及对投标报价的影响等）等详尽信息。

结合当前市场行情的精准分析（包括原材料价格的实时走势，如钢材、水泥、砂石等主要原材料的价格波动趋势、影响价格波动的因素及未来价格预测；劳动力市场的供需平衡状况，如各地区、各工种的劳动力供给数量、需求数量、供需缺口及对工资水平的影响；行业内竞争的激烈程度及趋势，如竞争对手数量的变化、市场集中度的变化、竞争手段的多样化及未来竞争格局的预测等）和项目自身独特的特点（如项目的规模大小，包括线路长度、站点数量、工程总量等；技术难度级别，如特殊地质条件下的施工技术要求、新型技术的应用程度、复杂桥梁和隧道的设计与施工难度；工期的紧迫程度，包括计划开工时间、竣工时间、关键节点工期要求以及与同类项目相比的工期紧张程度等），运用专业的数据分析模型（如多元线性回归模型，通过建立投标报价与成本结构、市场行情、项目特点等多个自变量之间的线性关系，预测竞争对手的报价；时间序列分解模型，将竞争对手的历史报价数据分解为趋势、季节性、周期性和随机性成分，分析其报价规律和趋势）和先进的预测算法（如基于机器学习的随机森林算法，利用多个决策树对竞争对手的报价行为进行分类和预测，提高预测的准确性和稳定性；深度学习的神经网络算法，通过构建复杂的神经网络模型，对大量的历史数据和市场信息进行学习和训练，自动提取特征和规律，实现对竞争对手报价策略的精准预测），精准预估竞争对手可能的报价范围和报价策略。

例如，经深度数据分析发现，竞争对手 D 在过去 10 个类似铁路项目投标中，报价平均比市场平均成本低 8%~12% 的概率为 35%。利用蒙特卡罗模拟进一步深入分析，如果竞争对手 D 以低于本企业预估成本 10% 的价格投标，结合本企业过往中标概率模型（通过对本企业近 15 年同类项目中标情况的大数据分析，运用逻辑回归、决策树等方法构建中标概率与投标报价、竞争对手情况、市场环境等因素之间的关系模型）及当前市场竞争状况的实时评估，本企业中标概率将降低至 25%。假设项目预期利润为 1 000 万元，中标概率降低将使预期利润减少 750 万元，在风险矩阵中处于高风险区域（风险得分：概率 4 分 × 影响程度 4 分 =16 分）。

2. 技术方案的可行性风险

对于铁路项目而言，技术方案的可行性直接关乎项目的成败以及成本效益，是投标过程中必须重点关注和深入评估的关键环节。在技术方案评估过程中，紧密围绕隧道施工、桥梁建设、轨道铺设等核心且关键的技术环节，全面且细致地识别可能潜藏的风险因素。

以隧道施工为例，依据项目所在地详细且精准的地质勘察报告，该地地质条件复杂多变，存在岩溶、断层等不良地质现象的概率较高。通过对历史上类似地质条件下隧道施工的大量案例进行深入研究（包括案例的工程概况、地质条件、施工方法、遇到的问题及解决方案、最终的施工成本和工期等详细信息），结合权威专家的丰富经验判断（专家团队成员包括隧道工程领域的知名学者、具有多年实践经验的高级工程师以及参与过类似复杂地质条件隧道施工的技术骨干，他们依据自身的专业知识和实践经验，对本项目隧道施工可能遇到的风险进行全面、深入且细致的分析和评估），精准识别出隧道施工过程中遇到岩溶地质导致塌方的风险。

在桥梁建设方面，由于项目跨越河流，水流冲刷、抗震等技术难题对桥梁结构稳定性构成潜在威胁。

对于隧道施工，经地质勘察数据的深度分析和专家经验的精准判断，隧道施工过程中遇到岩溶地质导致塌方的风险概率为 18%。一旦发生塌方事故，根据类似项目的详尽经验数据及精准工程测算，将导致施工进度延误 40 天，直接成本增加 1 200 万元，同时极有可能引发严重的安全事故，对企业的声誉和形象造成难以估量的损害，在风险矩阵中属于高风险因素（风险得分：概率 4 分 × 影响程度 4 分 =16 分）。

对于桥梁建设，经过严谨的结构分析和高精度的模拟计算（运用先进的有限元分析软件，对桥梁结构在不同荷载工况下的受力情况进行模拟分析，考虑水流冲刷、地震作用等因素，评估桥梁结构的稳定性和可靠性），桥梁结构在设计荷载下出现稳定性问题的风险概率为 12%，如果发生这种情况，将导致成本增加 800 万元，工期延误 25 天，在风险矩阵中属于中风险因素（风险得分：概率 3 分 × 影响程度 3 分 =9 分）。

3. 项目所在地的政策法规风险

项目所在地的政策法规环境作为影响项目实施的重要外部因素之一，需要进行持续、严谨的跟踪与深度剖析。

例如，当地政府对环保要求日益严格，极有可能出台新的环保政策，要求施工过程中采用更为先进且高效的扬尘治理设备（像智能化的喷雾降尘系统，其具备根据实时环境数据自动调节喷雾强度与范围的功能；还有高效的静电除尘设备，能对细微颗粒物实现高精度捕捉）、建设更为完善且合规的污水处理设施（例如采用先进的膜生物反应器污水处理工艺，可有效去除污水中的各类污染物，保障出水水质达到高标准；以及一体化污水处理设备，便于安装、运行且能满足现场施工的灵活调配需求），这无疑将直接致使项目的环保成本显著增加。

同时，土地使用政策方面的调整可能使项目临时用地获取难度大幅攀升，成本水涨船高，且协调沟通的过程变得更为繁杂冗长；税收政策的变动或许会影响项目的税负水平，进而削减项目的盈利能力。

经专业且专注的政策研究团队细致严谨的分析，结合当地政府明确的政策导向以及环保规划的详尽解读，预计在项目实施期间，当地出台新环保政策的概率为 25%。若政策付诸实施，依据环保设备采购以及设施建设当下的市场价格进行精准估算，将使项目环保成本增加 500 万元，在风险矩阵中属于中风险因素（风险得分：概率 3 分 × 影响程度 3 分 =9 分）。

此外，土地使用政策调整影响临时用地获取概率为 15%，可能导致成本增加 300 万元，属低风险（风险得分：概率 2 分 × 影响程度 2 分 =4 分）。

4. 市场环境变化风险

市场环境的变化，诸如原材料价格波动、劳动力市场供需变化、利率汇率波动等，均有可能对项目的成本和效益产生较为显著的影响，故而需要开展精准的监测以及深入的分析研究。

以原材料价格波动为例，铁路项目建设对钢材、水泥、砂石等原材料有着大量的需求，其价格受市场供求关系（像全球铁矿石的供应情况，其产量、主要产区的出口政策以及运输条件等都会影响钢材的原料供应；国内水泥产能变化，涉及新生产线的投产、落后产能的淘汰等因素对水泥价格形成制约；砂石资源的管控政策，如开采限制、环保要求下的关停整顿等影响其市场供应量）、宏观经济形势（国家基础设施建设投资规模，大规模的基建投入会刺激原材料需求进而影响价格；货币政策对大宗商品价格的影响，如利率调整、货币供应量变化等影响企业的采购成本及市场资金流动情况从而传导至原材料价格）、国际大宗商品价格（国际钢材市场价格波动，受全球经济形势、贸易政策以及主要钢材生产国的产量变化影响；原油价格对运输成本的传导，原油价格上涨会拉高原材料的运输费用进而推动其到厂价格上升）等多种因素的综合影响颇大。

通过对市场价格数据的高频次监测以及专业深入地分析，并且运用精准有效的预测模型（如基于 ARIMA 模型的改进型时间序列模型，考虑季节性、周期性以及突发外部因素对价格序列的影响，提升预测准确性；考虑多种因素的向量自回归模型，将原材料价格与相关影响因素建立动态关联，更全面地反映价格变化趋势），预计在项目投标至开工期间，钢材价格上涨 12%~18% 的概率为 30%，水泥价格上涨 10%~15% 的概率为 25%。

若原材料价格按预期上涨，依照项目详细且精确的材料用量清单以及成本核算标准，将使项目直接成本增加 900 万元，在风险矩阵中属于中风险因素（风险得分：概率 3 分 × 影响程度 3 分 =9 分）。

劳动力市场因周边项目集中开工，劳动力短缺导致人工成本上涨 12%~18% 的概率为 20%，同时可能延误工期 18 天，也属中风险（风险得分：概率 3 分 × 影响程度 3 分 =9 分）。

通过精心绘制的风险矩阵图，能够直观、清晰且一目了然地展示各类风险因素的分布状况，其中竞争对手的报价策略风险和隧道施工技术方案的可行性风险处于高风险区域，桥梁建设技术方案的可行性风险、环保政策法规风险以及原材料价格波动风险处于中风险区域，其他风险因素处于低风险区域。

（三）风险应对措施与建议

1. 针对竞争对手的报价策略风险

（1）成本深度优化举措

与主要原材料供应商开展全方位、深层次的重新洽谈与合作拓展，通过承诺在特定时间段内大幅增加采购量（比如在未来一年采购量较以往提升30%），以此增强议价能力；签订长期稳定且附带优惠条款的合作协议（如签订为期5年的供应合同，合同中明确约定价格随市场波动的调整机制，设置价格上限以及在原材料市场价格下行时的同步降价条款）；同时，依据项目进度以及市场价格波动规律，运用专业的数据分析与算法模型，精准确定采购时间节点，优化采购批次，争取更优惠的采购价格，预计可降低原材料采购成本12%。

对项目施工组织设计进行全面、精细且系统的优化，引入国际领先且经过实践验证的施工工艺（例如在隧道施工中采用全断面隧道掘进机施工技术，其具备掘进速度快、对周边岩土扰动小的优势；在桥梁建设中运用节段预制拼装无支架施工技术，能有效缩短现场施工周期，提高施工质量稳定性）以及配备高效、智能且适配项目需求的设备（像配备具有自动化控制系统的大型施工机械设备，可实现远程监控、智能调度以及故障预警功能，提高设备利用率；采用高精度的测量与检测设备，保障施工精度，减少因误差导致的返工成本），借此提高施工效率，缩短工期达15天，进而降低人工成本和设备租赁成本13%。

（2）技术全方位提升策略

组织一支由国内顶尖且经验丰富的技术专家组成的精英团队，对项目技术方案进行深度研发和全面优化创新。引入新型且具有前瞻性的技术理念与方法，比如在隧道施工中采用超前地质预报与动态支护一体化技术，通过实时监测地质变化并动态调整支护参数，既确保施工安全又能降低支护成本；在桥梁建设方面，创新采用高性能复合材料与新型结构体系相结合的设计方案，减轻桥梁自重，降低材料用量，同时提高桥梁的耐久性和抗震性能，从而在保证工程质量的前提下，降低建设成本和运营维护成本约10%。

2. 针对技术方案的可行性风险

（1）隧道施工风险应对方案

针对隧道施工存在的高风险，加大地质勘察投入，预算追加 100 万元，采用更为先进、精准的地质探测技术与设备组合（例如将三维地质雷达探测技术与高精度钻探技术深度融合，实现对隧道沿线地质情况的全方位、立体式、高精度勘察），提前全面且精准地掌握岩溶、断层等不良地质的分布情况，并依据探测结果制定极具针对性、详细且切实可行的应对措施，形成一整套应急预案体系。

优化隧道支护设计方案，选用新型高强度、高韧性且耐久性好的支护材料（如高性能纤维混凝土、新型锚杆锚索材料等），同时调整支护结构形式，增加支护强度和整体稳定性；预留 600 万元足额的风险储备金，专项用于应对可能出现的塌方事故和其他地质灾害，确保在突发状况下有足够的资金保障应急抢险、修复以及工期补偿等工作顺利开展。

加强施工过程中的安全管理和质量监控，建立完善且高效的应急救援体系。组建专业的应急救援队伍，配备齐全且先进的应急救援设备（如生命探测仪、大型抢险机械、应急照明与通信设备等），定期组织实战化的应急演练，提高队伍的应急响应能力和协同作战水平。同时，在施工现场设置多道质量检测关卡，运用无损检测等先进技术手段，实时把控施工质量，确保每一道工序都符合高标准要求，最大限度地降低因质量问题引发安全事故的可能性，一旦发生事故能够迅速、有序且有效地进行处置，将事故损失控制在最低程度。

（2）桥梁建设风险应对办法

对于桥梁建设中的风险，邀请国内乃至国际知名的桥梁专家团队对设计方案进行全面评审和深度优化，从结构力学性能、水流适应性、抗震性能等多维度进行严格把关；利用先进的大型有限元分析软件结合物理模型试验（如制作缩尺比例的桥梁模型，在风洞、水槽等试验环境中模拟实际工况进行测试）对桥梁结构进行多工况、高精度的模拟分析和试验验证，确保结构的安全性和稳定性达到最优水平。

在施工过程中，加强对施工工艺和质量的严格把控，制定详细且标准化的施工操作流程手册，要求施工人员严格按照手册规范进行操作；采用高精度的施工测量仪器（如全站仪、电子水准仪等具备高精度测量功能的设备）实时监测施工精度，同时运用智能化的施工管理系统，对施工进度、质量、安全等进行实时管控，确保桥梁建设质量完全符合设计标准和相关规范要求，有效防范因施工质量问题导致的结构稳定性风险。

3. 针对项目所在地的政策法规风险

（1）环保政策风险应对措施

设立专门且专业的政策法规研究岗位，选派具备深厚法律、环保专业背景以及丰富项目经验的人员负责跟踪和研究项目所在地的环保政策法规动态，建立与当地环保部门、行业协会等的常态化沟通机制，及时、精准地掌握政策法规的变化趋势以及对项目的具体要求与影响。

在投标报价中充分考虑可能增加的环保成本，预留600万元的环保专项费用，并制定详细且可操作性强的环保措施方案。方案涵盖选用先进且高效的环保设备（如引进智能型的扬尘在线监测与联动喷雾降尘系统，实现扬尘超标自动预警并及时喷雾降尘；采用高效的污水处理一体化设备，具备快速处理污水且稳定达标排放的功能）、优化施工工艺以最大程度减少环境污染（如采用低噪声、低振动的施工设备和工艺，合理规划施工场地布局以减少物料堆放和运输过程中的扬尘产生，设置专门的废水收集与处理系统避免污水外排等），提前规划环保设施的建设和运营管理，确保环保设施与主体工程同时设计、同时施工、同时投入使用。

加强与当地环保部门的沟通与协调，定期主动汇报项目的环保措施和进展情况，积极争取政策支持与指导，例如申请环保专项资金补贴、获取环保手续办理的绿色通道等，确保项目的环保措施严格符合当地要求，避免因环保问题导致的项目延误、罚款以及声誉受损等不良后果。

（2）土地使用政策风险应对策略

提前与当地政府土地管理部门进行深入且主动的沟通，安排专人负责对接，全面了解土地供应情况（包括可供临时用地的地块位置、面积、土地性质等详细信息）和政策要求（如土地招拍挂程序、使用期限、复垦要求等），积极参与土地招拍挂程序，按照规定要求准备齐全、详实的申报资料，确保项目临时用地的合法、合规。

制定备用土地使用方案，对项目周边可能的临时用地资源进行全面细致的勘查和评估（包括土地地形地貌、交通便利性、周边环境影响等因素考量），与潜在的土地所有者提前达成意向性协议，明确使用条件、价格、期限等关键条款，以防土地供应出现问题时能够及时调整施工计划，减少对项目进度的影响。同时，加强对土地使用政策的研究和分析，合理规划施工场地布局，提高土地利用率，优化临时用地的使用周期，降低土地使用成本，避免因土地使用政策调整带来的不必要损失。

4. 针对市场环境变化风险

（1）原材料价格波动风险应对手段

与主要供应商签订严谨且灵活的价格调整合同，合同中明确约定在原材料价格波动超过一定合理幅度（如 ±10%）时，双方按照预先设定的公平合理机制进行价格调整，可采取按比例分担价格上涨成本、参考市场价格指数调整等方式共同分担价格风险；同时，建立原材料库存管理系统，运用大数据分析技术结合项目施工进度，对原材料的库存数量、采购时间、采购量等进行科学精准的动态管理，依据市场价格走势提前进行合理储备或适时适量采购，避免因价格上涨而导致成本大幅增加，确保原材料供应的稳定性和成本的可控性。

拓展原材料采购渠道，积极寻求与多个优质供应商建立合作关系，通过多元化采购来源，降低对单一供应商的依赖程度，增强在原材料市场中的议价能力和应对价格波动的弹性；定期对原材料市场进行深度调研和分析，及时掌握市场动态信息，为采购决策提供准确依据，进一步优化采购成本控制策略。

（2）劳动力市场风险应对方法

提前与当地劳务公司建立紧密且长期稳定的合作关系，签订详细明确的劳务分包合同，合同中清晰界定劳务人员的数量、工种、技能要求、工资待遇、劳动保障、工作时间等关键条款，确保劳动力的稳定供应；同时，加强对劳务人员的培训和管理，制订系统的培训计划，涵盖技能提升培训（如针对铁路施工中的关键工艺、新设备操作等进行专项培训）、安全知识培训（提高劳务人员的安全意识和应急处理能力）以及职业素养培训（培养劳务人员的责任心、团队协作精神等），通过提高劳务人员的技能水平和综合素质，提升工作效率，进而降低人工成本。

密切关注劳动力市场动态，与周边地区劳务市场建立信息互通机制，及时了解劳动力供需变化情况，提前做好劳动力调配预案，确保在劳动力短缺时能够迅速从周边地区调配补充劳务人员，保障项目施工进度不受影响。另外，合理安排项目施工顺序和作业时间，优化劳动组织，避免出现劳动力闲置或过度集中使用的情况，提高劳动力资源的利用效率，有效应对因劳动力市场变化带来的风险。

第二节　合同类型及其对财务管理的影响

在建筑工程领域，尤其是铁路项目建设中，合同类型的选择对于项目的财务管理起着至关重要的作用。不同的合同类型具有各自独特的特点、适用范围、价格确定方式以及风险分担机制，这些因素直接影响着施工项目的成本控制、收入确认和资金流管理等关键财务管理环节。以下将对常见的合同类型进行详细阐述，并结合铁路项目的实际情况，深入分析其对财务管理的影响以及合同类型的选择策略。

一、固定总价合同

固定总价合同是工程项目中一种常见的合同类型，其基本概念与特征包括价格确定性高、风险分担明确以及合同管理相对简单。在合同签订时，双方已确定了项目的总价，承包商需按照合同约定的范围、质量和工期要求完成项目，除非发生合同约定的变更情况，否则总价一般不予调整。这种合同类型使得业主能够在项目开始前对投资有较为精确的预算，同时也要求承包商在投标阶段对项目成本进行充分且准确的估算，承担价格波动的风险。承包商承担了大部分风险，包括因物价上涨、工程量计算误差、设计变更（在合同约定范围内）等因素导致的成本增加风险，但同时也拥有通过优化管理、降低成本来获取额外利润的机会。由于价格固定，项目实施过程中合同双方的价格争议相对较少，管理流程相对清晰简洁。固定总价合同适用于项目范围明确、设计图纸详细完整、工程量能够准确计算、工期较短且市场环境相对稳定的铁路项目，如城市铁路支线改造工程，其工程内容、细节在招标阶段已明确界定，且施工周期短，当地建筑材料和劳动力市场价格波动较小。价格确定方式为由承包商根据招标文件、设计图纸、工程量清单及自身成本核算体系，结合市场行情和企业利润预期，计算出项目总成本，并在此基础上加上一定比例利润，向业主提出投标报价，经业主评审后确定合同总价，过程中承包商需对各项费用进行详细估算。

二、固定单价合同

固定单价合同是工程项目合同中的一种类型，其核心在于合同中明确约定了各项分部分项工程的单价，而工程量则根据实际完成的数量进行计量结算，因此合同总价会随工程量的变化而相应调整。该合同类型具有单价固定性、工程量按实计量以及风险分担较为均衡的特点。单价固定性意味着各分部分项工程的单价在合同中一经确定，便不随市场价格波动和工程量变化而调整，为合同双方提供了价格稳定性和可预测性。工程量按实计量则要求实际完成的工程量必须经过业主或监理工程师的现场计量并确认，从而确保合同结算的公平合理性，但同时也增加了计量工作的复杂性和双方可能引发的争议。在风险分担上，承包商承担单价估算不准确导致的利润损失风险，而业主则承担工程量变化的风险。固定单价合同适用于工程项目内容和技术经济指标明确，但工程量因地质条件变化、设计变更等因素存在较大不确定性的铁路项目，如山区铁路新建工程或铁路桥梁建设等。在招标阶段，业主提供工程量清单，承包商根据自身成本核算和市场行情进行单价报价，业主评审确定中标单价，最终合同总价根据实际完成的工程量与中标单价的乘积计算得出。

三、成本加酬金合同

成本加酬金合同是工程项目合同中的一种特殊类型，其基本概念在于业主向承包商支付实际发生的成本（涵盖直接成本和间接成本），并依据约定的方式支付一定酬金作为承包商的利润和管理费。该合同类型的特点主要包括成本实报实销，即承包商的成本支出可得到全额补偿，虽免除了承包商成本超支的风险，但也可能削弱其成本控制的动力；酬金确定方式多样，可根据合同约定采用固定酬金、按成本比例计算酬金或结合成本、固定酬金与奖金等多种方式，为业主和承包商提供了灵活协商的空间；以及业主对项目的控制较强，由于成本实报实销，业主能详细了解项目成本支出，对项目实施过程进行更直接的监控和管理。成本加酬金合同适用于工程内容及技术经济指标尚未完全确定、工期紧迫、存在较大技术风险或不确定性因素较多的铁路项目，如铁路抢险抢修工程或新型铁路技术研发项目的试验段工程。在价格确定方面，首先需明确项目的成本核算范围和方法，包括各项成本的计算标准和依据，酬金则根据双方协商结果确定，可以是固定金额、按成本比例计算，或结合项目关键绩效指标设置奖金激励机制，如在某铁路抢险工程中，双方约定承包商的酬金为实际成本的 15%，并设置提前完成任务的额外奖金。

四、合同类型选择策略与案例分析

（一）选择策略

在选择铁路项目的合同类型时，应综合考虑以下因素：

1. 项目特点

包括项目的规模大小、技术复杂程度、工程范围的明确程度、工程量的可确定性、工期要求等。对于规模较小、技术成熟、工程量明确且工期稳定的项目，固定总价合同可能更为合适；对于工程量不确定较大的项目，固定单价合同可能更具优势；而对于技术风险高、紧急且不确定性因素多的项目，则成本加酬金合同可能是更好的选择。

2. 业主需求

业主对项目的投资控制要求、对项目质量和进度的期望、业主自身的管理能力和风险偏好等都会影响合同类型的选择。如果业主希望在项目开始前就确定明确的投资预算，且对项目实施过程的干预相对较少，可能倾向于固定总价合同；如果业主更注重项目的灵活性和对成本的直接控制，成本加酬金合同可能更符合其需求。

3.承包商自身情况

承包商的技术实力、管理水平、成本控制能力、资金实力以及风险承受能力等也是重要的考虑因素。技术和管理能力强、成本控制经验丰富的承包商在固定总价合同下可能更有机会获取利润；而对于资金实力较弱、风险承受能力低的承包商，成本加酬金合同可能是更安全的选择。

（二）案例分析

以下面三个不同的铁路项目为例，对比分析不同合同类型下项目的财务表现和管理要点：

1.案例一：某普通铁路扩能改造项目（固定总价合同）

（1）项目概况

该项目主要包括对一段既有铁路进行线路加固、车站扩建以及信号系统升级等工程，工程范围明确，设计图纸详细，工程量能够准确计算，预计工期为18个月。

（2）合同价格

经过招标，承包商以5亿元的固定总价中标。

（3）财务表现

在成本控制方面，承包商通过精细化管理，优化施工组织设计，与供应商签订长期固定价格合同，成功将项目成本控制在4.5亿元以内，实现了5 000万元的利润，成本利润率达到11.1%。在收入确认方面，按照合同约定的工程进度节点，稳定确认收入，资金流较为平稳。在资金流管理方面，承包商在项目前期通过自有资金和银行贷款解决了原材料采购和设备租赁等资金需求，随着项目进度的推进，业主按照合同约定按时支付工程款，确保了项目资金链的稳定。

（4）管理要点

承包商在项目实施前进行了详细的成本测算和风险评估，制订了严格的成本控制计划，并在施工过程中加强了对原材料采购、人工成本和施工进度的监控，及时发现并解决成本偏差问题。同时，与业主保持密切沟通，确保工程变更等事项能够按照合同约定进行处理，避免因合同纠纷影响项目进度和财务状况。

2. 案例二：某山区铁路新建隧道工程（固定单价合同）

（1）项目概况

该隧道工程地质条件复杂，施工难度大，工程量受地质变化影响较大，预计工期为 24 个月。

（2）合同价格

业主提供工程量清单，承包商对各项分部分项工程进行报价，最终确定的合同单价为每立方米开挖量 1 500 元，其他工程如支护、衬砌等也分别确定了相应的单价。

（3）财务表现

由于地质条件的变化，实际工程量比原估算量增加了 20%，但承包商通过优化施工工艺和设备配置，提高了施工效率，降低了单位成本。最终，项目实际成本为 3.6 亿元，按照实际完成的工程量计算，合同总价达到 4.32 亿元，实现利润 7 200 万元，成本利润率为 20%。在收入确认方面，根据每月实际完成的工程量进行计量和确认收入，收入随工程量的变化而波动，但总体呈现上升趋势。在资金流管理方面，业主按照月度工程量计量结果支付工程款，承包商能够及时获得资金用于支付材料款、设备租赁费和工人工资等，资金周转较为顺畅。

（4）管理要点

承包商在投标阶段对地质条件进行了充分的调研和风险评估，在报价中考虑了一定的风险费用。在施工过程中，建立了完善的工程量计量和成本核算体系，及时与业主和监理工程师沟通工程量的变化情况，确保计量准确无误。同时，加强对施工过程的技术管理和成本控制，通过技术创新和管理优化降低成本，提高利润空间。

3. 案例三：某高速铁路新技术研发试验段工程（成本加酬金合同）

（1）项目概况

该项目旨在对一种新型高速铁路轨道技术进行试验和验证，技术方案尚未完全成熟，工程内容和技术指标存在较大的不确定性，工期要求为 12 个月。

（2）合同价格

双方约定承包商的成本实报实销，酬金按照实际成本的 20% 计算，同时设立了项目质量、进度和技术创新等方面的奖金激励机制。

（3）财务表现

项目最终实际成本为 2 亿元，按照合同约定，承包商获得酬金 4 000 万元。由于项目团队在技术研发方面取得了重大突破，提前完成了试验任务，且各项技术指标均达到或超过预期目标，业主额外支付了 1 500 万元的奖金，承包商实现总收入 5 500 万元。在成本控制方面，业主通过严格的成本审核和过程监控，确保成本支出的合理性和合规性。承包商在保证项目质量和进度的前提下，也积极采取措施控制成本，如合理选择试验设备和材料，优化试验方案等。在收入确认方面，承包商根据实际发生的成本和合同约定的酬金计算方式及时确认收入，奖金收入在项目结束后根据考核结果一次性确认。在资金流管理方面，业主根据承包商提交的成本支出凭证及时支付款项，确保了项目资金的充足供应，承包商能够按照项目计划顺利开展各项工作，没有出现因资金问题导致的进度延误情况。

（4）管理要点

业主方面，组建了专业的技术团队和财务管理团队，对项目的技术方案、成本支出和进度进行全方位的监控和指导。在成本审核过程中，严格按照合同约定的成本核算范围和标准进行审查，对于不合理的费用支出坚决予以核减，同时积极协调各方资源，为项目的顺利推进提供保障。承包商方面，注重技术研发团队与财务管理团队的沟通协作。财务管理团队实时跟踪成本支出情况，为技术研发团队提供成本数据支持，帮助其在技术方案选择和试验过程中充分考虑成本因素。技术研发团队则及时向财务管理团队反馈项目进展情况和可能影响成本的技术变更因素，以便财务管理团队准确预测成本和收入，合理安排资金使用计划。

通过以上三个案例可以看出，不同的合同类型对铁路项目的财务管理有着显著不同的影响。在实际项目中，业主和承包商应根据项目的具体特点、自身的实力和需求，谨慎选择合适的合同类型，并制定相应的财务管理策略，以实现项目的经济效益最大化和风险最小化。同时，在合同执行过程中，要加强沟通与协作，严格按照合同约定进行成本控制、收入确认和资金流管理，确保项目的顺利实施和各方利益的实现。

第三节　合同谈判与财务条款的制定

在铁路项目的合同谈判中，财务条款的制定是保障项目顺利推进、平衡双方利益以及有效控制财务风险的关键环节。谈判双方需在遵循法律法规和行业惯例的基础上，依据项目实际情况，精准确定各项财务条款，以实现项目的经济效益最大化和风险最小化。

一、合同价格调整机制

（一）价格调整因素剖析

合同价格调整机制旨在应对项目实施过程中可能出现的各类影响成本和价格的因素，以确保价格的合理性与公平性。常见的调整因素包括物价波动、工程量变更、法律政策变化以及不可抗力事件等。

物价波动对铁路项目成本影响显著，尤其是钢材、水泥、燃油等主要原材料以及劳动力成本的变动。以某铁路桥梁建设项目为例，施工期间钢材价格因国际市场铁矿石价格大幅上涨而攀升，若合同未约定价格调整条款，承包商将独自承担这一成本增加的重压，可能导致项目利润严重受损甚至亏损。

工程量变更在铁路项目中也较为常见，如因地质条件变化需增加隧道的开挖量、变更轨道的铺设里程等。这种情况下，若仍按原合同价格执行，显然对承包商不公平，合理的价格调整机制不可或缺。

法律政策变化，如税收政策调整、环保法规升级导致的额外环保措施成本增加，也应在合同价格中予以体现，以保障项目的顺利推进和双方的合法权益。

（二）价格调整方法与公式运用

1. 物价波动调整

针对物价波动，常用的调整方法有价格指数法和造价信息调整法。

（1）价格指数法

假设合同中约定的钢材价格调整按照施工期间当地工程造价管理机构发布的钢材价格指数与投标基准期价格指数的比值进行调整。设投标基准期钢材价格指数为 P_0，施工期间某时段钢材价格指数为 P_1，钢材投标单价为 C_0，合同中约定的钢材用量为 Q，当价格指数上涨超过一定幅度（如 5%）时，对超出部分的钢材用量按照调整后的价格计算合同价款。调整后的钢材价款 C_1 计算公式为：

$$C_1 = C_0 \times Q \times \begin{cases} 1, & \dfrac{P_1}{P_0} \leqslant 1.05 \\ 1 + \left(\dfrac{P_1}{P_0} - 1.05\right), & \dfrac{P_1}{P_0} > 1.05 \end{cases} \qquad （式3-1）$$

（2）造价信息调整法

依据权威部门发布的各类建筑材料、设备及人工的市场价格信息，结合合同约定的调整规则，对实际发生的工程量对应的价格进行调整。例如，在某铁路路基工程中，水泥价格根据当地建设工程造价信息网每月公布的平均价格进行调整。设投标时水泥单价为 C_0'，施工期间第 i 个月水泥信息价为 C_i，该月实际使用水泥量为 Q_i，则该月水泥价款调整额 ΔC_i 为：

$$\Delta C_i = Q_i \times (C_i - C_0') \qquad （式3-2）$$

2. 工程量变更调整

对于工程量变更，一般按照合同约定的单价进行计算，若原合同中无适用单价，则根据类似工程的单价或通过成本加利润的方式重新确定价格。设原合同中某分项工程单价为 U_0，变更后的工程量为 ΔQ，则变更部分的工程价款 ΔP 为：

$$\Delta P = U_0 \times \Delta Q \qquad （式3-3）$$

若原合同无适用单价，通过成本加利润确定新单价 U_1（设成本为 C，利润率为 r），则：

$$U_1 = C \times (1+r) \qquad （式3-4）$$

变更部分工程价款 $\Delta P'$ 为：

$$\Delta P' = U_1 \times \Delta Q \qquad （式3-5）$$

（三）谈判要点与技巧

在谈判价格调整机制时，承包商应在谈判前进行详尽的成本测算，明确各项成本的构成及可能的波动范围。例如，通过对历史项目数据的分析以及与供应商的沟通，精准预估钢材、水泥等主要材料的价格波动区间，并结合项目的施工进度计划，确定在不同施工阶段各类材料的用量占比，从而计算出物价波动对项目成本的影响程度，以此作为与业主谈判的有力依据。同时，承包商应收集同地区、同类型铁路项目的价格调整案例，分析其调整方法和幅度，在谈判中通过对比展示自身诉求的合理性，争取更有利的价格调整条款。例如，引用附近铁路项目在类似物价上涨情况下的价格调整比例（如某项目对钢材价格上涨部分按 80% 的比例进行调整），说服业主在本项目中采用更为合理的调整幅度，保障自身的利润空间。业主方则需关注价格调整的合理性和可控性，避免因价格调整幅度过大导致项目投资失控。在谈判中，业主可要求承包商提供详细的成本分解数据和价格波动预测依据，对其合理性进行严格审查，并根据项目的预算情况和风险承受能力，与承包商协商确定合适的价格调整方法和限制条件，确保项目在预算范围内顺利实施。

二、支付方式与时间节点

（一）常见支付方式解析

铁路项目的支付方式通常包括预付款、工程进度款、竣工结算款和质量保证金等环节，各环节的支付方式和时间节点对项目资金流和双方财务状况有着关键影响。

预付款是业主在项目开工前向承包商支付的一笔款项，旨在帮助承包商启动项目，支付前期的材料采购、设备租赁和人员动员等费用。预付款的比例一般根据项目的规模、性质和行业惯例确定，常见的铁路项目预付款比例在 10%~20%。例如，在某铁路电气化改造项目中，业主按照合同总价的 15%向承包商支付预付款，为承包商顺利开展前期工作提供了资金支持，确保项目按时开工。

工程进度款是根据项目的施工进度，按照合同约定的支付周期（如每月、每季度）和支付比例进行支付的款项。支付比例通常根据已完成工程量的价值占合同总价的比例确定，一般在70%~90%，具体比例取决于双方的谈判结果和项目的实际情况。设合同总价为T，某一支付周期内已完成工程量经监理工程师确认的价值为V，工程进度款支付比例为p，则该周期内应支付的工程进度款M为：

$$M=V \times p \qquad \text{（式3-6）}$$

合理的工程进度款支付方式能够保证承包商在施工过程中有足够的资金维持项目运转，避免因资金短缺导致施工进度延误。

竣工结算款是在项目竣工验收合格后，业主支付给承包商的除质量保证金外的剩余款项。这部分款项的支付标志着项目主体财务结算的完成，但支付前业主通常会对项目的竣工资料、结算文件进行严格审核，确保工程质量符合要求、结算金额准确无误。

质量保证金是业主为保证项目在质保期内的质量而扣留的一部分款项，一般为合同总价的3%~5%，质保期结束且项目无质量问题后返还给承包商。质量保证金的扣留和返还条件应在合同中明确约定，以保障双方的权益和项目的质量。

（二）对项目财务的影响

合理的支付方式和时间节点安排对项目各方的财务状况至关重要。对于承包商而言，预付款的及时足额支付能够缓解项目启动阶段的资金压力，降低融资成本，提高资金使用效率。工程进度款的按时支付则是维持项目正常施工的关键，确保承包商有足够的资金支付材料款、设备租赁费和工人工资，避免因资金链断裂导致的停工、窝工损失，同时也有助于承包商维持良好的商业信用，降低财务风险。

对于业主来说，合理的支付安排有助于控制项目投资进度，确保资金的安全和有效使用。通过在项目实施过程中根据工程进度逐步支付款项，业主可以对项目质量和进度进行有效的监督和控制，避免因过早或过多支付款项导致承包商缺乏施工动力或出现资金挪用等问题，保障项目按照预期目标顺利推进，实现投资效益的最大化。

第四章　施工阶段的财务监控与管理

第一节　施工成本的实时监控与分析

在高速公路项目建设中，施工成本的实时监控与分析对于项目的成功实施和经济效益的实现具有举足轻重的作用。一套科学、精准且高效的成本监控体系，能够及时且敏锐地察觉成本偏差，深入且全面地剖析其根源和发展态势，进而为实施行之有效的控制举措提供坚实可靠的依据，有力保障项目成本严格控制在既定预算范围内，顺利达成预期的成本控制目标。

一、构建施工成本实时监控的理论框架

（一）确定监控指标体系

挣值管理法（EVM）作为施工成本实时监控的核心方法之一，其关键指标包括计划值（PV）、实际成本（AC）和挣值（EV）。计划值（PV）依据项目进度规划与预算分配，精确反映在特定时间节点上计划完成工作所对应的预算成本，其计算公式为：$PV=\sum_{i=1}^{n}\left(BAC\times\frac{PC_i}{TC}\right)$，其中 BAC 表示项目的总预算成本，$PC_i$ 表示第 i 项工作在特定时间点的计划完成百分比，TC 表示项目的总工期。实际成本（AC）则是在同一时间点实际发生的成本支出总和，通过对各项费用的实际发生额进行精确统计并累加得出。挣值（EV）是依据已完成工作量的精准量化评估，并结合预算单价所确定的已完成工作的预算价值，计算公式为：$EV=\sum_{i=1}^{n}\left(BAC\times\frac{AC_i}{TC}\right)$，其中 AC_i 表示第 i 项工作

在特定时间点的实际完成百分比。除挣值指标外，还需设定一系列辅助监控指标，如成本绩效指数（CPI=EV / AC）和进度绩效指数（SPI=EV / PV）。成本绩效指数直观反映了实际成本与完成工作的价值之间的比例关系，当 CPI 小于 1 时，意味着成本出现超支情况；进度绩效指数则精准体现了实际进度与计划进度的匹配程度，SPI 小于 1 表示进度滞后于计划安排。此路基工程第 2 个月的成本绩效指数（CPI）为 0.9（90÷100），进度绩效指数（SPI）为 0.75（90÷120），进一步证实了成本超支和进度滞后的实际状况。

针对人工成本，监控指标涵盖人工工时利用率（HRU=$\dfrac{SH}{AH}$×100%，其中 SH 表示标准工时，AH 表示实际工时）、人工成本占总成本的比重（HCCR=$\dfrac{HC}{TC}$×100%，其中 HC 表示人工成本，TC 表示总成本）以及单位工程量人工成本（ULHC=$\dfrac{HC}{QU}$，其中 QU 表示工程量）等。在高速公路桥梁施工场景中，若计划每月人工工时为 5 000 小时（AH），实际消耗 4 500 小时，然而完成的工作量对应的标准工时为 4 000 小时（SH），则人工工时利用率（HRU）为 88.9%（4 000÷4 500×100%）。

材料成本的监控指标包含材料消耗率（MCR =$\dfrac{AC-EC}{EC}$×100%，其中 AC 表示实际消耗量，EC 表示预计消耗量）、材料采购价格偏差率（MPPR =$\dfrac{AP-BP}{BP}$×100%，其中 AP 表示实际采购价格，BP 表示预算采购价格）以及材料库存周转率（ITR=$\dfrac{COGS}{AI}$，其中 COGS 表示销售成本，AI 表示平均库存）等。例如，在高速公路路面工程中，计划每吨沥青能够铺设 8 平方米路面，预计需消耗沥青 1 000 吨（EC），而实际每吨沥青仅铺设 7.5 平方米，实际消耗沥青 1 067 吨（AC），则材料消耗率（MCR）较计划高出 6.7%｛[（1 067–1 000）÷1 000］×100%｝。

机械设备使用成本的监控指标涉及设备利用率（EUR=$\dfrac{OT}{PT}$×100%，其中 OT 表示实际运行时间，PT 表示计划运行时间）、设备故障率（EFR=$\dfrac{NF}{OT}$×100%，其中 NF 表示故障次数）以及单位时间设备使用成本

（UTEC=$\dfrac{TEC}{OT}$，其中 TEC 表示设备总成本）等。在高速公路隧道施工过程中，某台大型盾构机计划每月工作 200 小时（PT），实际运行 180 小时（OT），据此计算设备利用率（EUR）为 90%（180÷200×100%）。若该设备在当月发生故障 3 次（NF），则故障率（EFR）为 1.7%（3÷180×100%）。

间接费用的监控指标则有间接费用占总成本的比例（OCR=$\dfrac{OC}{TC}$×100%，其中 OC 表示间接费用）、间接费用预算执行率（OBER=$\dfrac{AOE}{BOE}$×100%，其中 AOE 表示实际发生的间接费用，BOE 表示预算间接费用）等。例如，在某高速公路项目中，间接费用预算设定为 500 万元（BOE），在某一特定阶段实际发生间接费用 400 万元（AOE），那么预算执行率（OBER）即为 80%（400÷500×100%），通过与计划进度的细致对比，能够精准判断间接费用的控制成效。

（二）确定成本数据收集渠道和频率

在确定成本数据收集渠道和频率时，采取了以下措施：

首先，通过现场记录详细追踪施工活动，包括人工、设备和材料的关键信息，为成本核算提供基础数据。其次，利用采购发票精准核算材料和设备的采购成本，并与预算进行对比分析。同时，借助考勤系统准确记录施工人员出勤情况，支持人工成本核算和效率分析。此外，安装设备运行监测系统实时采集设备数据，掌握设备运行和成本消耗情况。

在数据收集频率方面，我们根据成本项目类型制定不同策略：人工成本每日记录、每周汇总、每月深入分析；材料成本采购后即时录入、每日统计、每周盘点、每月核算；机械设备使用成本实时监测、每日记录维修情况、每周总结、每月核算；间接费用每月归集核算、每季度深入分析并采取控制措施。

二、运用信息化工具进行成本数据的整理和分析

（一）选择合适的项目管理软件

在高速公路项目中，审慎选择一款功能完备、适配项目特性的项目管理

软件至关重要。例如，Primavera P6 软件在高速公路建设领域应用广泛且成效显著，它能够有机集成项目的进度计划、资源分配、成本预算等多元信息，达成数据的集中高效管理与便捷共享。通过在软件中构建项目的工作分解结构（WBS），将项目精细分解为各个可管理的工作包，并为每个工作包合理分配相应的资源（涵盖人工、材料、设备等）以及预算成本。在项目实施进程中，依据现场记录、采购发票等数据来源，将实际发生的成本和资源使用状况准确录入软件，软件能够自动计算挣值、成本偏差、进度偏差等关键指标，并生成各类详尽的成本分析报表和直观的图表，如成本趋势图、成本构成比例图、增值分析曲线等，为项目管理人员提供清晰、准确、直观的成本信息，以便其及时、精准地做出决策。

（二）数据录入与整理

项目管理人员严格依照软件的操作规范和要求，将收集到的成本数据及时、准确、完整地录入系统。对于人工成本，依据考勤系统的数据精准录入每个工人精确到分钟的出勤时间和详细到具体施工环节的工作任务，系统将根据预设的人工单价和工作任务，自动计算人工工时和人工成本，并与计划人工成本进行严谨对比。在高速公路路面施工中，施工人员每天的出勤情况通过考勤系统实时上传至 Primavera P6 软件，软件依据预设的人工单价和工作任务，精确计算出每日的人工成本，并汇总生成每周、每月的人工成本报表，报表中详细列示每个工人的工时、工作量、成本以及与计划的差异情况，便于项目管理人员进行深入分析和决策。

材料成本数据则根据采购发票和材料领用记录进行录入。每次材料采购完成后，采购人员需在 24 小时内将采购的数量（精确到小数点后两位）、价格（精确到元）、供应商名称、联系方式、发票号码等关键信息录入软件，同时材料管理员详实记录材料的领用部门、领用数量（精确到最小计量单位）和具体用途。软件能够依据这些数据实时更新材料库存信息，并精准计算材料的实际消耗成本和采购成本偏差，生成材料成本分析报告，报告中详细分析材料成本的构成、价格波动对成本的影响以及材料消耗情况，为项目管理人员提供决策支持。例如，在某高速公路路基工程中，当采购一批水泥后，财务人员立即将水泥的采购发票信息录入 Primavera P6 软件，施工人员在领用水泥时，通过扫码或填写领用单的方式将领用信息同步录入系统，软件自动扣除库存数量，并精确计算出该批水泥的实际消耗成本以及与预算成本的偏差情况。

机械设备使用成本数据由设备运行监测系统和维修保养记录提供。将设备的运行时间（精确到分钟）、油耗（精确到升）、维修费用（精确到元）等数据准确录入软件，系统自动计算设备的使用成本和利用率，并与计划指标进行严谨对比分析，生成设备成本分析报表。报表中详细展示设备的运行时长、故障次数、维修费用、使用成本以及利用率等指标与计划的对比情况，方便项目管理人员清晰掌握设备成本状况，以便及时采取措施优化设备使用效率和降低成本。例如，在某高速公路桥梁施工中，安装在起重机上的运行监测系统实时将设备的运行数据传输至 Primavera P6 软件，当起重机进行维修保养时，维修人员将维修内容、费用等信息录入系统，软件据此计算出起重机的每月使用成本和设备利用率，为设备管理和成本控制提供有力依据。

间接费用则按照财务科目分类进行细致录入，包括管理人员工资、办公费、水电费、差旅费等各项支出，精确到元。每月末，财务人员将各项间接费用的发生额准确录入软件，软件自动汇总生成间接费用报表，并与预算进行严谨对比分析，找出费用超支或节约的原因，生成间接费用分析报告。报告中对各项间接费用的明细进行详细分析，明确各项费用的占比和变化趋势，为项目管理人员控制间接费用提供方向。

第二节　工程变更与索赔的财务管理

在高速公路项目建设中，工程变更与索赔是较为常见且对项目成本、进度和财务状况有着重要影响的关键事项。深入了解其常见原因、影响机制以及掌握有效的财务管理方法，对于保障项目的顺利实施和各方的合法权益至关重要。

一、工程变更与索赔的原因及影响机制

工程变更与索赔在高速公路项目中较为常见，其主要原因包括设计变更、地质条件变化、业主指令以及不可抗力事件等。设计变更可能源于更深入的地质勘察结果、技术标准的更新或业主要求的调整，如将桥梁基础形式由扩大基础变更为桩基础以适应复杂地质条件。地质条件变化，如实际施工中遇到的岩石层硬度、埋深与勘察报告不符，或遭遇地下溶洞、断层等不良地质构造，也会引发工程变更。业主可能因项目整体规划调整、与周边基础设施的衔接需求或政策法规变化等原因下达变更指令，如增设高速公路出入口。不可抗力如自然灾害、战争、社会突发事件等也会对项目造成严重影响，导致工程损坏和延误。

这些变更对项目成本、进度和财务状况产生显著影响。成本方面，变更通常导致直接成本增加，如材料用量增加、采用更先进施工工艺带来的人工和设备成本上升等。地质条件变化可能需要额外的地基处理措施，业主指令的变更可能涉及多个专业施工费用增加，不可抗力事件造成的损失修复和重建成本往往十分高昂。进度方面，变更会打乱原有施工计划和进度安排，导致施工延误。设计变更需重新进行方案设计和审批，地质条件变化导致施工方案调整，业主指令变更需多部门和专业人员协调，不可抗力事件则直接导致工程停工并进行清理和修复工作。财务状况方面，成本增加和进度延误直接影响项目资金需求和收入实现，可能导致资金链紧张和财务风险增加。同时，变更和索赔过程中的不确定性也给财务预算和资金安排带来困难，增加财务管理的复杂性。

二、工程变更与索赔的财务管理流程

在高速公路项目施工过程中，施工团队、监理单位或业主等各方需密切关注工程进展情况，及时发现可能导致工程变更或索赔的事件，如设计变更、地质条件变化、业主指令及不可抗力事件等。一旦发现此类事件，项目的技术、成本和财务等相关人员应立即进行全面评估，包括对成本、进度、质量和安全等方面的影响，为后续决策提供依据。随后，需收集与事件相关的各类资料，如原设计图纸、地质勘察报告、施工日志等，作为变更费用估算、索赔证据

整理和索赔金额计算的重要依据。基于收集的资料和实际施工情况，采用合适的方法对工程变更部分的费用进行估算，充分考虑各种可能的费用因素，确保估算结果的准确性和完整性。同时，从收集的资料中筛选出能够支持索赔主张的有效证据，并进行整理和分类。依据索赔证据和相关法律法规、合同条款，运用合理的索赔金额计算方法，计算出应索赔的金额。接下来，将索赔事件的详细情况、索赔证据、索赔金额计算过程以及对项目的影响等内容编制成正式的索赔报告，内容需翔实、逻辑清晰、证据确凿。施工单位向业主或相关方提交索赔报告后，双方展开谈判协商，施工单位应充分阐述索赔的依据和合理性，争取业主的理解和认可，寻求双方都能接受的解决方案。当双方在索赔金额、工程变更实施方式、工期调整等方面达成一致后，签订补充合同，明确双方的权利和义务。最后，按照补充合同的约定实施工程变更或索赔方案，并对项目的财务情况进行跟踪和监控，确保变更或索赔后的项目成本得到有效控制，资金使用合理，财务状况稳定，同时加强对资金的管理和监督，确保索赔款项能够及时足额地收到，并按照合同约定合理使用。

第三节　进度款的申请与支付管理

在铁路工程项目的财务管理中，进度款的申请与支付管理是保障项目顺利推进的关键环节。其涉及工程计量、计价、合同执行以及各方沟通协调等多个方面，需要遵循严格的流程和依据，确保资金的合理分配与顺畅流转，以下将进行详细阐述。

一、进度款申请的理论依据和流程

在铁路工程项目中，进度款申请的理论依据主要基于工程量计量的原则和方法、计价规则以及合同约定的支付比例。工程量计量方面，通常采用实地测量和图纸计量两种方法。实地测量适用于路基土石方工程等，通过专业测量仪器对已完成工程量进行精确测量，如路基填方量、灌注桩混凝土浇筑量等。图纸计量则依据设计施工图纸对已完成的结构物工程进行复核计算，比如桥墩、桥台混凝土体积，以及铁路轨道工程中已铺设的钢轨长度、道岔数量、轨枕数量等。计价规则方面，铁路项目多采用工程量清单计价模式，合同中明确规定各清单项目的单价组成和计价规则，如路基土石方开挖单价、桥梁工程混凝土单价等，并需充分考虑工程变更对价款的影响。合同约定的支付比例是进度款申请金额计算的重要依据，通常规定业主按月支付已完工程价款的一定比例，如80%，剩余部分作为工程尾款和质量保证金，在竣工验收合格和质保期届满后分别支付。这一流程既确保了承包商在施工过程中的资金需求，同时也保障了业主对工程质量和进度的有效控制。

二、铁路项目进度款申请实例分析

（一）项目背景

某铁路建设项目全长 150 千米，合同总价为 80 亿元，工期为 48 个月。合同约定每月 28 日为进度款申请日，业主在收到申请后 15 天内完成审核并支付，支付比例为已完工程价款的 80%。该项目涵盖了路基、桥梁、隧道、轨道等多个专业工程，施工环境复杂，技术要求高，因此准确合理地申请进度款对于项目的顺利实施至关重要。

（二）进度款申请报告编制

1. 已完工程量清单

表 4-1　已完工程量清单

项目编码	项目名称	工程数量	计量单位
010101001	土方开挖	6 万	立方米
010201002	路基填方	4 万	立方米
010301003	边坡防护（浆砌片石）	2 500	平方米
020101004	桥梁主墩基础混凝土浇筑	8000（10 个墩，每个 800 立方米）	立方米
020201005	墩身混凝土浇筑	1 200	立方米
030101006	隧道掘进	1 000	米
030201007	喷射混凝土支护	2 000	平方米
040101008	铺轨基地场地平整	5 000	平方米

2. 计价明细

表 4-2　计价明细

项目编码	单价（元）	合价（元）	计算过程说明
010101001	18	1 080 000	根据合同约定土方开挖（普通土，机械开挖，运距 1 千米内）单价为每立方米 18 元，合价 =60 000×18=1 080 000 元
010201002	22	880 000	路基填方（借方，压实方）单价为每立方米 22 元（包含运输及压实费用），合价 =40 000×22=880 000 元
010301003	120	300 000	边坡防护（浆砌片石，厚度 0.3 米）综合单价为每平方米 120 元，合价 =2 500×120=300 000 元
020101004	450	3 600 000	按照合同约定，桥梁主墩基础 C30 混凝土浇筑单价为每立方米 450 元，合价 =8 000×450=3 600 000 元
020201005	500	600 000	墩身 C35 混凝土浇筑单价为每立方米 500 元，合价 =1 200×500=600 000 元
030101006	1200	1 200 000	隧道掘进（Ⅱ 级围岩，采用新奥法施工）根据合同约定单价为每米 1 200 元，合价 =1 000×1 200=1 200 000 元
030201007	350	700 000	喷射混凝土支护（C25 混凝土，厚度 0.1 米）单价为每平方米 350 元，合价 =2 000×350=700 000 元
040101008	15	75 000	铺轨基地场地平整（机械平整，挖填平衡）单价为每平方米 15 元，合价 =5 000×15=75 000 元

3. 申请支付金额计算

经计算，本月已完工程价款为 8 435 000 元，扣除预付款 300 000 元（已累计扣除），质量保证金 253 050 元（按照合同约定为工程价款的 3%），本次申请支付金额为（8 435 000–300 000–253 050）×80%=6 305 560 元。

第五章 项目中期财务评估与调整

第一节 中期财务报告的编制与分析

一、中期财务报告的构成及编制原则

（一）构成

中期财务报告由资产负债表、利润表、现金流量表以及附注构成。

1. 资产负债表

资产负债表反映企业在特定日期的财务状况，包括资产、负债和所有者权益。资产按流动性可分为流动资产和非流动资产。在铁路项目中，流动资产包括货币资金、应收账款、存货等，非流动资产则包括固定资产、无形资产等。例如，铁路项目的固定资产，像机车车辆，其入账价值包含购置成本、运输费、安装调试费等。假设一台机车购置成本为 500 万元，运输费为 30 万元，安装调试费为 20 万元，那么该机车的入账价值为 550 万元。在后续计量中，按照预计使用年限和预计净残值，采用合理的折旧方法，如直线法。假设该机车预计使用年限为 20 年，预计净残值为 50 万元，每年折旧额为（550-50）÷20=25 万元。

2. 利润表

利润表展示企业在一定期间的经营成果，主要包括营业收入、成本、费用以及净利润。营业收入是企业销售商品或提供劳务所获得的收入，成本则是与生产经营活动相关的直接和间接成本。例如，铁路项目的营业收入，假设该项目在中期的营业收入为 4 亿元，其中运输收入为 3 亿元，其他业务收

入为 1 亿元。成本方面，直接成本如原材料、人工、机械作业等，间接成本如施工现场水电费、管理人员薪酬等。假设该项目中期的营业成本为 2.5 亿元，其中直接成本为 2 亿元，间接成本为 0.5 亿元。

3. 现金流量表

现金流量表反映企业在一定期间内现金的流入和流出情况，分为经营活动、投资活动和筹资活动产生的现金流量。在铁路项目中，经营活动现金流量可能包括销售货物、提供劳务等产生的现金流入，以及购买原材料、支付工资等产生的现金流出；投资活动现金流量则涉及固定资产购置、对外投资等；筹资活动现金流量包括借款、发行债券等。例如，该项目中期经营活动现金流量为 1.5 亿元，其中销售货物产生的现金流入为 1 亿元，购买原材料、支付工资等产生的现金流出为 0.5 亿元；投资活动现金流量为 −0.5 亿元，主要是固定资产购置；筹资活动现金流量为 1 亿元，主要是借款。

4. 附注

附注是对财务报表的补充说明，提供了对报表重要项目的详细解释和相关信息，有助于使用者更好地理解财务报表。例如，对于固定资产的折旧方法、存货的计价方式等，附注可以提供详细的说明。

（二）编制原则

编制中期财务报告遵循以下原则：

1. 遵循会计准则

依据企业会计准则，确保财务信息的准确性和一致性。会计准则规定了会计核算的基本方法和原则，如会计要素的确认、计量和报告方法等。在编制中期财务报告时，必须严格遵守会计准则的要求，保证财务报表的质量和可比性。例如，在资产负债表中，资产和负债的确认与计量遵循会计准则规定，确保财务信息的真实性和可靠性。

2. 重要性原则

对重要项目进行详细披露，重要性判断基于项目的性质和金额大小。在编制中期财务报告时，对于重要项目的信息应进行重点关注和披露。例如，对于铁路项目的重大投资、重大合同等，应在财务报表中进行详细披露，以便投资者和其他利益相关者了解企业的财务状况和经营成果。

3.及时性原则

及时编制和披露中期财务报告，以便相关方及时了解项目的财务状况。及时的财务报告能够为企业管理层、投资者、债权人等提供决策依据，有助于企业及时调整经营策略和管理措施。例如，企业应在规定的时间内完成中期财务报告的编制和披露，以便及时反映企业的财务状况和经营成果。

二、财务指标计算与分析

（一）偿债能力指标

1.资产负债率

资产负债率=总负债/总资产×100%。该指标反映了企业负债水平与资产规模的关系，资产负债率越高，偿债能力越弱。从财务理论角度看，资产负债率是衡量企业长期偿债能力的重要指标。当资产负债率较高时，企业面临较大的财务风险，可能会对企业的经营稳定性产生影响。例如，某铁路项目中期总资产为80亿元，总负债为40亿元，资产负债率为40÷80×100%=50%。这表明该项目的负债水平相对较高，偿债能力相对较弱。

2.流动比率

流动比率=流动资产/流动负债。流动比率衡量企业流动资产在短期债务到期前能够变现用于偿还负债的能力。从财务理论角度看，流动比率是衡量企业短期偿债能力的重要指标。一般来说，流动比率越高，企业短期偿债能力越强。例如，某铁路项目中期流动资产为25亿元，流动负债为10亿元，流动比率为25÷10=2.5。这表明该项目的流动资产能够较好地满足短期债务的偿还需求。

3.速动比率

速动比率=（流动资产－存货）/流动负债。速动比率进一步衡量企业流动资产中可变现用于偿还负债的能力。从财务理论角度看，速动比率比流动比率更能反映企业的短期偿债能力。一般来说，速动比率越高，企业短期偿债能力越强。例如，某铁路项目中期流动资产为25亿元，存货为5亿元，流动负债为10亿元，速动比率为（25-5）÷10=2。这表明该项目的流动资产能够较好地满足短期债务的偿还需求。

（二）盈利能力指标

1. 毛利率

毛利率＝（营业收入－营业成本）/ 营业收入 ×100%。毛利率反映了企业在扣除成本后所获得的利润水平。从财务理论角度看，毛利率是衡量企业盈利能力的重要指标。毛利率越高，企业盈利能力越强。例如，某铁路项目中期营业收入为 4 亿元，营业成本为 2.5 亿元，毛利率为（4–2.5）÷4×100%=37.5%。这表明该项目的盈利能力较强。

2. 净利率

净利率＝净利润 / 营业收入 ×100%。净利率反映了企业在扣除所有成本和费用后所获得的利润水平。从财务理论角度看，净利率是衡量企业盈利能力的重要指标。净利率越高，企业盈利能力越强。例如，某铁路项目中期净利润为 0.5 亿元，营业收入为 4 亿元，净利率为 0.5÷4×100%=12.5%。这表明该项目的盈利能力较强。

3. 净资产收益率

净资产收益率＝净利润 / 平均净资产 ×100%。净资产收益率反映了企业在一定时期内净资产的增值能力和盈利能力。从财务理论角度看，净资产收益率是衡量企业盈利能力的重要指标。净资产收益率越高，企业盈利能力越强。例如，某铁路项目中期期初净资产为 20 亿元，期末净资产为 22 亿元，平均净资产为（20+22）÷2=21 亿元，净资产收益率为 0.5÷21×100%≈2.38%。这表明该项目的盈利能力较强。

（三）营运能力指标

1. 总资产周转率

总资产周转率＝营业收入 / 平均总资产。总资产周转率反映了企业资产的周转速度。从财务理论角度看，总资产周转率是衡量企业营运能力的重要指标。总资产周转率越高，企业资产的运营效率越高。例如，某铁路项目中期营业收入为 4 亿元，平均总资产为 60 亿元，总资产周转率为 4÷60≈0.067 次。这表明该项目的资产运营效率较高。

2. 应收账款周转率

应收账款周转率 = 营业收入 / 平均应收账款余额。应收账款周转率反映了企业应收账款的回收速度。从财务理论角度看，应收账款周转率是衡量企业营运能力的重要指标。应收账款周转率越高，企业对应收账款的管理水平越高。例如，某铁路项目中期营业收入为 4 亿元，平均应收账款余额为 1 亿元，应收账款周转率为 4÷1=4 次。这表明该项目的应收账款回收速度较快。

3. 存货周转率

存货周转率 = 营业成本 / 平均存货余额。存货周转率反映了企业存货的周转速度。从财务理论角度看，存货周转率是衡量企业营运能力的重要指标之一。存货周转率越高，企业存货的管理水平越高。例如，某铁路项目中期营业成本为 2.5 亿元，平均存货余额为 3 亿元，存货周转率为 2.5÷3≈0.83 次。这表明该项目的存货周转速度较快。

第二节　预算调整与成本控制的策略

一、预算调整的理论基础

预算调整是指在预算执行过程中，因内外部环境变化导致原有预算安排不再符合实际需求时，对预算内容、金额、执行方式等进行的修改和调整。在高速公路建设项目中，预算调整是对项目资源分配的重新校准，其理论基础涵盖多个方面。首先，预算调整的概念体现了对资源配置计划的动态优化，以确保资源在不断变化的情况下仍能实现最优分配。其次，预算调整的触发原因相关理论包括不确定性理论和项目变更理论。不确定性理论指出，项目所处环境充满不确定性，如地质条件、市场价格波动等，这些不确定性事件可能导致原预算无法满足实际需求。项目变更理论则强调，设计变更等项目变更情况会直接导致预算调整。再者，预算调整遵循的原则有成本效益原则和重要性原则。成本效益原则要求调整所带来的收益必须大于调整本身所产生的成本，而重要性原则则强调应重点关注对项目目标实现有重大影响的事项。最后，预算调整的方法理论基础包括零基预算理论和滚动预算理论。零基预算理论主张在预算调整时，不考虑以往的预算情况，一切以零为起点重新评估各项活动的必要性和成本效益。滚动预算理论则是指随着时间的推移，不断将预算期向后滚动，使预算始终保持一定的期限，以适应项目过程中的动态变化。在高速公路项目较长的建设周期中，可借鉴这些理论对预算进行调整，确保预算能够实时反映项目的实际情况，保持其有效性和适应性。

二、预算调整方法

预算调整在高速公路建设项目中至关重要，其中滚动预算法和成本性态分析法是两种主要方法。滚动预算法通过确定合理的滚动周期，如季度滚动预算，来及时反映项目变化。在每个季度的第一个月，项目团队会根据上一季度的实施情况，深入分析施工进度、成本控制和市场需求，对预算草案进行合理调整。审核环节则确保预算调整方案的财务合规性、工程量计算的准确性以及项目整体目标的可行性。滚动预算法的优势在于能够实时跟踪项目动态变化，提高预算的灵活性与适应性，便于预算控制，确保项目预算始终与实际情况相符。

具体来说，滚动预算法能够迅速响应项目进度变化和市场波动，如恶劣天气导致的施工延误或建筑材料价格波动，通过季度调整重新规划资源投入，确保项目整体进度在可控范围内。同时，它也赋予了预算更高的灵活性，能够快速适应政策法规变化、业主需求变更等情况。通过每季度对预算进行调整和细化，项目管理者可以清晰地了解每个阶段的预算执行情况，及时发现偏差并采取纠正措施。

成本性态分析法主要采用数学方法对成本数据进行处理，包括高低点法、散布图法和回归直线法等。通过这些方法，可以深入了解成本的变化规律，为预算调整提供科学依据。在预算调整过程中，根据对未来业务量的预测和成本性态分析得出的成本模型，可以预测成本的变化情况，从而在预算中合理安排新增成本。在成本控制方面，成本性态分析有助于找出成本控制的关键点，对于固定成本重点在于合理利用资源，提高设备利用率；对于变动成本主要是通过优化施工工艺、合理采购材料等方式降低成本；对于混合成本则通过准确划分固定和变动部分，采取针对性的控制措施。通过滚动预算法和成本性态分析法的结合运用，可以实现项目预算的动态调整和优化，提高项目的经济效益。

第三节　风险评估与应对措施的财务考量

在施工项目中，风险评估与应对措施的财务考量是至关重要的。风险评估实操流程首先涉及风险识别，通过组建多维度专家智囊团，汇聚跨领域专业精英，利用大数据和人工智能算法深度挖掘历史项目成本数据，精准定位潜在财务风险点。同时，搭建一体化大数据信息收集平台，广泛采集各类数据，包括卫星遥感数据、社交媒体舆情监测数据等，以全面了解项目可能面临的风险。此外，综合运用情景分析法、故障树分析法等创新工具，全面扫描潜在风险，为风险分析提供坚实基础。在风险分析阶段，采用定性分析的多维评估模型和定量分析的高级数理模型相结合的方法。基于模糊综合评价法的风险矩阵为定性分析提供了新视角，而蒙特卡罗模拟与实物期权定价模型的结合则使得风险评估更加精准。财务人员利用这些模型，对项目成本、工期等关键指标进行大量随机模拟试验，考虑多种因素的不确定性及其相互关系，为项目决策提供更全面的依据。基于财务考量的风险评估要点主要包括成本风险评估和资金风险评估。在成本风险评估方面，财务人员构建原材料价格动态模拟模型，预测原材料价格走势，并从供应链金融角度出发，优化资金流，降低原材料采购成本。同时，建立基于大数据分析的人工成本预测模型，创新人力资源管理模式，降低人工成本。在设备成本管理上，采用全生命周期成本管理理念，对设备租赁、采购、维护等成本进行综合评估，并利用数字化租赁平台提高设备使用效率。资金风险评估则侧重于资金流动性的实时监测与智能资金调度系统的建立。通过部署物联网设备，实时采集资金流动数据，并利用智能合约技术进行实时分析和预警。此外，运用信用风险定价模型对融资成本和还款能力进行量化评估，创新运用金融衍生工具对冲利率和汇率风险，拓展多元化融资渠道，优化融资结构。

在风险应对措施方面，针对原材料成本风险，建筑企业可与主要供应商建立长期战略合作伙伴关系，利用期货市场进行套期保值操作，并拓展原材料采购渠道。对于人工成本风险，企业应加强内部培训体系建设，引入先进的人力资源管理软件，充分利用灵活用工平台，并设立绩效奖金制度激励员工。在设备成本管理上，企业应进行充分的市场调研和技术评估，建立设备全生命周期管理档案，并优先选择数字化租赁平台进行租赁。为确保资金流动性，企业应构建多元化的资金储备体系，加强与银行的合作关系，利用智能资金调度系统提前制订资金调度计划，并加强对应收账款的管理。在应对融资风险时，企业应优化自身的财务结构，充分利用金融创新工具进行风险对冲，并拓展多元化的融资渠道。最后，为确保风险应对措施的有效执行，应建立风险应对执行团队，明确团队成员在风险应对中的职责和分工。同时，建立风险监控指标体系，定期对风险应对措施的实施效果进行评估，并根据市场环境、政策法规等外部因素的变化及时调整风险应对策略。通过这一系列的风险评估与应对措施，企业能够更有效地管理项目风险，确保项目的顺利进行和财务目标的实现。

第六章　竣工结算与财务清算

第一节　竣工结算的流程与要点

一、竣工结算流程

竣工结算流程是工程项目完成后的重要环节，其发起建立在项目严格按照合同约定完成所有施工任务且顺利通过竣工验收的基础之上。竣工结算的发起条件包括项目全面符合设计要求、各项技术指标精准达标、竣工资料完整且符合档案管理规定等。施工单位在提交竣工结算申请时，需准备结算申请书、竣工图纸、工程量计算书、变更签证资料及材料设备采购发票等一系列资料。结算申请书需详细列出项目基本信息、工程概况、结算编制依据、申请结算金额及明细等内容，由法定代表人签字并加盖单位公章；竣工图纸必须是经过严格会审且所有设计变更审批流程完备后的最终版本，加盖施工单位竣工图章及监理单位公章；工程量计算书需严格遵循工程量计算规则，详细列出各工程子项的计算过程；变更签证资料包含设计变更通知、变更图纸、工程变更指令及现场签证单等；材料设备采购发票需合法有效，与采购合同、入库单、领料单等资料一一对应。业主或建设单位在收到施工单位完整的竣工结算申请资料后，会组织造价管理部门、工程技术部门及财务部门等内部审核部门进行审核。审核重点内容包括工程量计算准确性、计价合理性及费用计取合规性等。造价管理部门依据工程计价规范、定额标准及相关法律法规，对结算申请中的工程量计算、计价方式、费用计取等进行严格审核；工程技术部门负责审核竣工图纸与实际工程完成情况的一致性，确保施工质量符合相关标准规范；财务部门则侧重于对结算申请中的资金收支情况、财务手续进行审核。业主或建设单位通常会在工程合同中明确规定竣工结算的审核时间节点，自收到施工单位完整的竣工结算申请资料之日起，须在一定期限内完成审核工作。若发现资料不完整或存在疑问，应及时通知施工单位补充资料或进行澄清说明。若因资料补充、争议问题协调等特殊情况导致审核工作无法在规定时间内完成，审核时间可相应顺延，但须及时通知施工单位并说明原因。若业主未在规定时间内完成审核，且无正当理由，可能需承担相应的违约责任。这一流程旨在保障结算工作的高效有序进行，同时兼顾双方的合理权益。

二、结算要点

（一）工程量核算要点

工程量核算在竣工结算中占据着举足轻重的地位，其精准性直接关乎工程结算价款的公正性与合理性，对建设单位和施工单位的经济利益分配起着决定性作用。工程量计算的一丝一毫偏差，无论是多算、少算还是重复计算，均有可能引发结算结果的严重失衡，进而成为双方产生争议与纠纷的根源。

1. 依据竣工图纸核算工程量

竣工图纸作为工程最终完成状态的直观反映，是工程量核算的核心依据之一。其详细记录了工程结构、尺寸、做法等关键信息，为准确计算工程量提供了坚实的基础。以某铁路隧道工程为例，该隧道全长 5 000 米，设计为双线铁路隧道，采用钻爆法施工工艺。在竣工图纸中，对隧道的各个部位均有精确标注。

（1）初期支护锚杆工程量计算

图纸明确显示锚杆的间距布置，纵向间距设定为 1.0 米，环向间距为 1.2 米，锚杆设计长度为 3.0 米。同时，通过对隧道断面设计图的仔细分析，计算得出隧道断面周长为 15.6 米。根据这些参数，每延米隧道的锚杆数量可通过以下计算得出：环向锚杆数量 = 隧道断面周长 ÷ 环向间距，即 15.6 ÷ 1.2=13 根；由于纵向间距为 1.0 米，意味着每延米隧道布置 13 根锚杆。因此，对于全长 5 000 米的隧道，锚杆总数量为 13 × 5 000=65 000 根。在计算过程中，需严格按照设计图纸给定的尺寸和间距进行，确保计算结果准确无误，避免因人为疏忽导致的计算错误。

（2）二次衬砌混凝土工程量计算

二次衬砌是隧道结构的重要组成部分，其工程量计算需依据竣工图纸中的衬砌断面尺寸。假设隧道衬砌内轮廓半径为 5.0 米，衬砌厚度为 0.5 米，根据圆的周长公式 $C=2\pi r$（其中 π 取 3.14，r 为半径），可计算出衬砌断面周长为 $2\times3.14\times5.0=31.4$ 米。每延米衬砌混凝土的横截面积为圆环面积，即外圆面积减去内圆面积，外圆半径为 5.0+0.5=5.5，内圆半径为 5.0 米，根据圆的面积公式 $S=\pi r^2$，每延米衬砌混凝土横截面积为 $3.14\times5.5^2-3.14\times5.0^2=16.485$ 平方米。则 5 000 米隧道二次衬砌混凝土工程量为 $16.485\times5\,000=82\,425$ 立方米。在计算过程中，要注意对图纸尺寸的准确读取，尤其是涉及圆形或弧形结构时，需运用准确的几何公式进行计算，确保工程量计算的精度。

2. 结合现场签证核算工程量

现场签证资料记录了施工过程中因各种原因导致的工程量变化情况，是对竣工图纸的重要补充。这些变化可能源于地质条件的意外变化、设计变更的现场执行或业主临时提出的工程要求等。

（1）围岩破碎带超前小导管支护工程量计算

在隧道施工过程中，当遇到局部围岩破碎带时，经设计单位现场勘查并确认，需要增加超前小导管支护措施以确保施工安全。现场签证单详细记录了超前小导管的规格为直径 42mm、壁厚 3.5mm，设计长度为 4.0 米，布置范围为破碎带长度 200 米，且明确了施工工艺要求。根据这些信息，首先计算隧道断面周长（同前计算为 15.6 米），则每延米布置的超前小导管数量为 $15.6\div1.2=13$ 根（假设环向间距为 1.2 米）。那么在 200 米的破碎带范围内，超前小导管的总数量为 $13\times200=2\,600$ 根。每根超前小导管长度为 4.0 米，所以超前小导管的总工程量为 $2\,600\times4.0=10\,400$ 米。在核算此部分工程量时，要仔细核对签证单上的各项参数，确保计算依据准确可靠，同时注意签证手续的完整性，如签证单上必须有施工单位、监理单位、设计单位和业主单位相关人员的签字并加盖公章，以保证签证的有效性。

（2）因施工条件变化增加的临时工程工程量计算

例如，由于施工现场场地狭窄，原计划的材料堆放场地无法满足施工需求，经业主同意，施工单位在隧道口附近临时租用了一块土地用于材料堆放，并修建了临时道路和防护设施。现场签证单记录了临时租地面积为 1 000 平方米，租用时间为 6 个月，租金为每月每平方米 5 元；临时道路长度为 200米，宽度为 5 米，混凝土厚度为 0.2 米；防护设施采用彩钢板围挡，长度为300 米，高度为 2 米。根据这些信息，临时租地费用为 1 000×5×6=30 000元。临时道路混凝土工程量为 200×5×0.2=200 立方米，若混凝土单价为 500元 / 立方米，则临时道路费用为 200×500=100 000 元。彩钢板围挡面积为300×2=600 平方米，假设彩钢板围挡单价为 200 元 / 平方米，则防护设施费用为 600×200=120 000 元。通过对现场签证资料的详细核算，确保了因施工条件变化而产生的额外工程量和费用得到准确计算和合理补偿。

3. 依据设计变更核算工程量

设计变更在工程施工中较为常见，其对工程量核算有着重要影响。设计变更可能是由于原设计存在缺陷、地质条件与勘察报告不符、业主需求调整等原因引起的。

（1）隧道仰拱填充混凝土变更工程量计算

如某隧道工程原设计仰拱填充采用 C20 混凝土，厚度为 80 厘米。在施工过程中，因地质条件变化，经设计单位重新评估后，决定将仰拱填充混凝土变更为 C25 混凝土，厚度调整为 100 厘米。设计变更通知详细说明了变更原因、变更内容及相关技术要求。在计算仰拱填充混凝土工程量变更时，首先需要根据变更后的设计参数重新计算。假设隧道仰拱断面面积（含填充部分）经详细计算为 25 平方米，扣除仰拱自身混凝土体积（假设仰拱厚度为 60 厘米，根据断面尺寸计算其体积为 15 立方米），则每延米仰拱填充混凝土变更后的增加量为（25-15）×（100-80）÷100=2 立方米。对于全长 5 000 米的隧道，仰拱填充混凝土因变更增加的工程量为 2×5 000=10 000 立方米。在处理此类设计变更工程量核算时，要密切关注变更前后的设计参数差异，严格按照变更通知的要求进行计算，确保变更工程量计算准确无误。

（2）因设计变更导致的结构调整工程量计算

例如，某桥梁工程原设计为预制梁结构，后因运输条件限制，变更为现浇梁结构。设计变更涉及梁体模板、钢筋布置、混凝土浇筑等多个方面的调整。对于梁体模板工程量，根据变更后的现浇梁结构尺寸，计算模板的展开面积。假设梁长为30米，梁宽为2米，梁高为1.5米，模板底面积为30×2=60平方米，两侧模板面积为2×（30×1.5）=90平方米，端部模板面积为2×（2×1.5）=6平方米，则模板总面积为60+90+6=156平方米。钢筋布置根据变更后的设计图纸重新计算钢筋用量，需考虑钢筋的种类（如HRB400、HPB300）、直径（如20mm、16mm等）、间距（如纵向间距20厘米、横向间距15厘米）以及梁体结构受力要求等因素。混凝土浇筑工程量则根据现浇梁的体积计算，即30×2×1.5=90立方米。通过对设计变更的详细分析和准确计算，确保了因结构调整而产生的工程量变化得到合理计量，为工程结算提供了准确依据。

在整个工程量核算过程中，必须严格遵循工程量计算规则，杜绝重复计算或漏算现象。对于不同部位、不同施工工艺的工程量，要进行细致分类和准确计算。例如，在计算隧道工程中的喷射混凝土工程量时，要区分初喷和复喷的厚度、范围，分别计算其工程量；在计算桥梁工程中的支座工程量时，要根据支座类型（如板式支座、盆式支座）、规格（如承载力大小、尺寸参数）准确计算数量。同时，要建立完善的工程量计算台账，对每一项工程量的计算过程、依据进行详细记录，便于核对和审查。通过严谨细致地依据竣工图纸、现场签证、设计变更等资料进行核算，并严格遵守计算规则，确保了工程量计算的准确性和完整性，为竣工结算提供了可靠的数据基础。

（二）单价确定原则

单价确定在竣工结算中犹如基石般关键，直接决定了工程价款的计算结果，其合理性与合规性对建设单位和施工单位的经济利益分配具有根本性影响。不同类型的合同对单价确定有着截然不同的规定，必须严格按照合同约定执行，确保单价确定过程严谨、公正。

1. 固定单价合同执行原则

固定单价合同，顾名思义，在合同签订之时单价即已确定，且在通常情况下，除合同另有明确约定外，该单价应保持固定不变，成为结算的基本依据。这种合同类型旨在为双方提供价格稳定性和可预测性，降低价格波动风险。

（1）一般情况单价执行

以某公路桥梁工程为例，该工程签订的是固定单价合同。其中，桥墩混凝土浇筑单价在合同中明确约定为每立方米 500 元。在整个结算过程中，无论市场价格如何起伏波动，施工单位所完成的桥墩混凝土工程量均严格按照此单价进行价款计算。例如，施工单位实际完成桥墩混凝土浇筑量为 1 000 立方米，则该项工程价款为 1 000×500=500 000 元。这体现了固定单价合同在正常情况下对单价的严格执行，确保了结算的确定性和稳定性，使双方在合同签订时就能对工程成本有较为清晰的预期。

（2）变更部分单价调整规则

然而，当工程出现合同约定的变更情形时，如因设计变更导致桥墩混凝土强度等级提高，由原来的 C30 变更为 C40，此时变更部分单价则需依据合同约定的计价规则进行相应调整。假设合同约定变更单价按照以下方式确定：首先参考当地工程造价管理部门发布的同期信息价，若信息价中无相同强度等级混凝土价格，则按照类似工程经验确定合理的单价调整系数。经查询，当地工程造价信息期刊中 C40 混凝土同期信息价为每立方米 550 元，考虑到该工程的特殊地质条件和施工工艺要求，经双方协商确定调整系数为 1.1。则变更后桥墩混凝土浇筑单价为 550×1.1=605 元 / 立方米。对于因设计变更而增加的 C40 混凝土桥墩部分（假设变更增加的混凝土量为 100 立方米），其工程价款为 100×605=60 500 元。这种变更部分单价调整规则既保证了在合同框架内对不可预见的变更情况进行合理处理，又维护了合同单价的相对稳定性，确保了双方的利益平衡。

2. 可调单价合同调整因素与方法

可调单价合同相较于固定单价合同，其单价具有一定的灵活性，可根据特定因素的变化进行调整，以适应市场环境和工程实际情况的动态变化。

（1）市场价格波动对单价的影响及调整方法

市场价格波动是可调单价合同中常见的调整因素之一。以某城市轨道交通工程为例，该工程签订的是可调单价合同，合同中明确约定钢材价格波动超过 ±5% 时，对超出部分的钢材用量按照市场实际价格调整单价。在施工期间，钢材市场价格发生显著变化，经核算，价格上涨幅度达到 8%。施工单位采购钢材的实际平均价格为每吨 5 500 元，原合同约定钢材单价为每吨 5 000

元。首先计算价格波动幅度超出合同约定范围的钢材数量，假设该工程钢材总用量为 1 000 吨，则超出 5% 涨幅部分的钢材用量为 1 000×（8%−5%）=30 吨。对于这 30 吨钢材，其单价调整为实际采购价格 5 500 元 / 吨，而其余 970 吨钢材仍按原合同单价 5 000 元 / 吨计算。则钢材价款调整额为（5 500−5 000）×30=15 000 元。通过这种方式，合同能够在一定程度上应对市场价格波动带来的成本变化，使工程价款更贴近实际成本，同时也促使双方合理分担价格风险。

（2）政策法规变化对单价的影响及调整方法

政策法规变化同样可能对单价产生重要影响。例如，国家税收政策调整导致建筑行业增值税税率发生变化，从原来的 11% 调整为 9%。某建筑工程合同约定，因税收政策变化影响工程造价时，工程价款应相应调整。在结算时，根据合同约定，对工程造价中的税金部分进行重新计算。假设该工程不含税工程造价为 8 000 万元，原税金为 8 000×11%=880 万元，调整后的税金为 8 000×9%=720 万元，税金减少了 160 万元。同时，由于增值税是价外税，其税率变化会影响到含税工程造价，需对不含税工程造价进行相应调整。调整后的工程造价为 8 000+720=8 720 万元。此外，若工程所在地发布了新的计价规范或补充定额，影响到工程单价的计算，也应按照合同约定的调整方法进行单价调整。如当地发布了新的人工单价调整文件，根据文件规定，人工单价从原来的 100 元 / 工日调整为 120 元 / 工日，合同约定人工单价按照文件规定调整。若该工程某分项工程人工用量为 1 000 工日，则人工费用增加额为（120−100）×1 000=20 000 元，相应的分项工程单价也需根据人工费用的变化进行调整，确保单价确定合理合规，充分体现工程实际成本和市场变化情况，保障双方的合法权益。

（三）费用计取规范

费用计取的准确性和规范性是竣工结算的重要保障，必须严格依据相关法律法规和政策文件执行，确保各项费用计取无误，维护建设单位和施工单位双方的合法权益。

1. 措施费计取规范

措施费是为完成工程项目施工，发生于该工程施工前和施工过程中非工程实体项目的费用，其计取应紧密结合工程实际情况，并严格遵循相关规定。

（1）垂直运输费计取

以某高层建筑工程为例，该工程建筑高度为 100 米，建筑面积为 5 万平方米，采用了垂直运输机械（如塔吊型号为 QTZ80，施工电梯型号为 SCD200/200）进行材料和人员的垂直运输。垂直运输费的计取依据当地建设行政主管部门发布的计价定额执行。根据定额规定，垂直运输费计算基数为建筑面积，费率根据建筑高度和机械类型确定。对于该工程，经查阅定额，费率为每平方米 20 元。则垂直运输费总计为 50 000×20=1 000 000 元。在计算过程中，需准确确定建筑高度、建筑面积等参数，并选用正确的定额子目，确保垂直运输费计取准确合理。同时，要注意定额中对于不同高度区间、不同机械配置可能存在的费率差异，如建筑高度超过一定范围后，费率可能会有所提高，需根据实际情况进行准确计算。

（2）临时排水措施费计取

该工程施工过程中，因场地地势较低，为保证施工顺利进行，采取了临时排水措施，包括设置临时排水管道、沉淀池等。临时排水措施费根据实际发生的费用进行计算。施工单位提供了详细的费用支出凭证，购买排水管道的发票显示金额为 5 万元，租赁沉淀池的合同及发票标明租金共计 3 万元，人工费用支出凭证记录人工费用为 2 万元。则临时排水措施费总计为 5+3+2=10 万元。在计取临时排水措施费时，要确保费用支出的真实性和合理性，提供的发票和合同需合法有效，人工费用计算应符合市场行情和劳动定额标准。同时，对于临时排水措施的范围和规模，需有相应的施工方案或现场记录作为支撑，避免虚增费用。

2. 规费计取规范

规费是指按国家法律、法规规定，由省级政府和省级有关权力部门规定必须缴纳或计取的费用，其计取必须严格按照国家及地方规定的费率计算，确保合规性。

（1）社会保险费计取

社会保险费包括养老保险、失业保险、医疗保险、生育保险和工伤保险。以某工程为例，其工程所在地规定社会保险费费率为 3.5%，计费基数为工程直接费。假设该工程直接费为 5 000 万元，则社会保险费为 5 000×3.5%=175

万元。在计算社会保险费时，首先要准确确定工程直接费的金额，工程直接费包括直接工程费（如人工、材料、机械使用费）和措施费中按规定可以计量支付的部分（如脚手架费、模板费等可计量部分）。对于人工费用部分，要根据施工单位实际为员工缴纳社会保险的基数和比例进行核对，确保与工程所在地规定相符。同时，要注意不同类型工程（如建筑工程、市政工程、安装工程等）可能在社会保险费费率上存在细微差异，需按照工程所属类型准确选用费率。施工单位须提供社保缴纳凭证或相关证明文件，以证实社会保险费的实际缴纳情况与计取金额一致，避免出现少缴或多计的情况。

（2）住房公积金计取

住房公积金同样按照规定费率计取。假设该工程所在地规定住房公积金费率为1.5%，则住房公积金为5 000×1.5%=75万元。住房公积金的计费基数一般与社会保险费相同，为工程直接费。在计取过程中，要确保施工单位按照国家和地方住房公积金管理规定，为员工足额缴纳住房公积金，并能提供相应的缴存证明。同时，要关注住房公积金政策的调整，如费率变动、缴存基数上下限调整等，及时按照新政策进行费用计取，保证规费计算的准确性和合规性。

3. 税金计取规范

税金的计取依据现行税收政策执行，是竣工结算中不可忽视的重要环节，直接影响工程总价款。

（1）增值税计取

在营改增后，建筑工程一般按照增值税税率计算税金。例如，某建筑项目工程造价为8 000万元（不含税），增值税税率为9%，则税金为8 000×9%=720万元。在计取增值税时，要明确计税基数为不含税工程造价，包含工程价款中的全部价款和价外费用，但不包括符合规定的已缴纳的增值税进项税额。施工单位需提供合法有效的增值税专用发票等进项税额凭证，用于抵扣销项税额，以准确计算应缴纳的增值税额。同时，要注意不同业务类型（如建筑服务、销售货物、提供加工修理修配劳务等）可能适用不同的增值税税率，须根据实际业务情况准确选用税率。对于简易计税方法的项目，要按照规定的征收率（如3%）计算增值税，且不得抵扣进项税额。

（2）其他税金计取（如有）

除增值税外，根据工程所在地的税收政策，可能还涉及其他税金的计取，如城市维护建设税、教育费附加、地方教育附加等。这些税金通常以增值税税额为计税依据，按照规定的税率计取。例如，某地区城市维护建设税税率为 7%，教育费附加税率为 3%，地方教育附加税率为 2%。则该建筑项目应缴纳的城市维护建设税为 720×7%=50.4 万元，教育费附加为 720×3%=21.6 万元，地方教育附加为 720×2%=14.4 万元。在计取这些税金时，要严格按照当地税收政策规定的税率和计税依据进行计算，确保税金计取完整准确，避免漏计或错计，维护国家税收利益和企业合法权益。此外，对于其他费用（如工程排污费等），也应按照相关规定和实际发生情况进行计取。施工单位需提供相应的缴费凭证或计算依据，如环保部门出具的排污费缴费通知等，确保费用计取真实、合理，避免多计或少计费用，保证竣工结算价款的准确性和合法性。工程排污费的计取一般根据工程类型、施工工艺、污染物排放量等因素确定计费标准，有的地区按照工程直接费的一定比例计取，有的地区则根据实际排放量计算。例如，某工业建筑项目根据当地规定，工程排污费按照工程直接费的 0.5% 计取，若工程直接费为 3 000 万元，则工程排污费为 3 000×0.5%=15 万元。在计取过程中，要密切关注当地政策变化，及时调整计取方式和金额，确保费用计取合规。同时，要建立健全费用计取台账，对各项费用的计取依据、计算过程和支付情况进行详细记录，便于审计和核查，为竣工结算提供坚实的财务支持。

第二节　财务清算与项目交付

一、财务清算内容

（一）资金清算

资金清算在项目竣工阶段的财务工作中占据核心地位，其本质在于通过精确核算项目资金的收支状况，保证资金流向的清晰与准确，为项目的财务收尾工作奠定坚实基础，确保项目资金管理的完整性与规范性。

1. 资金收支核算

（1）业主支付工程款项核算

以某央企高速公路项目为例，该项目总投资规模高达 280 亿元，其中某高速公路作为重要组成部分，包含三个路段。在项目实施进程中，业主依据工程进度分阶段支付工程款项，这一支付模式旨在确保施工单位拥有充足资金维持工程推进，同时有效控制项目资金风险。

施工前期，业主支付预付款以支持施工单位开展关键筹备工作。如高速公路第一段，全长约 157.858 公里，其起点的预付款，被施工单位用于购置大型施工设备，像三一重工生产的先进沥青摊铺机（型号：SMP90EC）、徐工集团的重型压路机（型号：XS263J）等，搭建施工现场临时办公与生活设施，以及采购紧急的原材料，如用于初期道路基础处理的砂石料等。这些预付款的支付比例依据合同约定执行，假设该项目合同规定预付款为合同总价的 12%，且该路段合同额占总投资的比例与其长度占比一致（项目总长度 500 公里），则此路段预付款金额为 10.6 亿元（计算式：280 亿 ×12%×157.858÷500）。

随着工程进展，施工单位每月底依据合同条款及实际完成工程量编制月结账单，提交至财务部审核。财务部门协同工程部门、监理工程师等进行严格审核，确保支付款项准确无误。以某施工标段为例，在路基工程施工中，施工单位依据设计要求完成了一定里程的填方与挖方作业，桥梁工程方面完成了若干桥墩的浇筑和部分桥梁梁板的架设，隧道工程也按计划掘进了相应长度。根据合同约定的单价，如填方单价 35 元/立方米、挖方单价 55 元/立方米、桥墩浇筑单价 8000 元/立方米、梁板架设单价 2500 元/吨、隧道掘进单价 15000 元/米等，以及精确计量的完成工程量，计算得出该月路基工程进度款为 2150 万元（填方量 30 万立方米 ×35 元/立方米 + 挖方量 20 万立方米 ×55 元/立方米）、桥梁工程进度款为 1500 万元（桥墩浇筑 50 个 × 平均单个体积 150 立方米/个 ×8000 元/立方米 + 梁板架设 3000 吨 ×2500 元/吨）、隧道工程进度款为 1800 万元（掘进 1200 米 ×15000 元/米），进而汇总得出该施工标段当月应得的进度款总额为 5450 万元。在审核过程中，工程部门负责核实工程量的真实性与准确性（如桥墩体积需现场测量确认），监理工程师对工程质量进行把关，确保符合合同要求，财务部门则依据合同计价规则和财务制度进行款项计算与核对。

项目竣工验收合格后，进入结算款支付阶段，此时须扣除质量保证金等相关款项。质量保证金的扣除比例按照合同约定，假设为工程结算价款的 3%，用于保障项目在质保期内的质量维护与修复工作。结算款支付前，施工单位须提交完整的竣工结算资料，包括竣工图纸、工程变更记录、质量验收报告等，业主组织专业人员进行详细审核，确认无误后支付剩余款项。

（2）施工单位资金支出核算

1）材料采购费用核算

材料采购是施工单位资金支出的关键部分。在该高速公路项目中，施工单位与众多供应商建立长期合作关系，采购大量建筑材料。例如，与某大型钢材供应商签订供应合同，采购钢材用于桥梁、隧道等结构建设。合同明确规定钢材的品种，如 HRB400E 螺纹钢；规格包括直径 12mm、16mm、20mm 等多种型号；数量根据工程设计需求量确定，总计采购 15 万吨；价格按照市场行情波动，平均采购单价为 4 800 元 / 吨（包含运输费、装卸费等杂费）；交货地点为施工现场指定料场；交货时间依据工程进度分批次供应，确保施工不中断；质量验收标准严格参照国家标准及项目设计要求，如钢材的屈服强度、抗拉强度、伸长率等指标必须符合 GB/T1499—2018 标准。施工单位根据领料单或出库单记录材料的实际领用情况，将领用的钢材数量乘以采购单价，准确计入合同成本中的材料费科目。对于采购过程中的预付款，按照合同约定，如预付款比例为合同总价的 25%，在合同签订后支付 1.8 亿元（15 万吨 × 4 800 元 / 吨 ×25%），货到验收合格后支付尾款。支付尾款时，须依据质量检验报告、入库单等凭证，确保钢材质量和数量符合要求后办理支付手续。

2）设备租赁费用核算

设备租赁对保障工程顺利进行同样至关重要。施工单位租赁了多种大型设备，如用于隧道施工的中铁装备生产的土压平衡盾构机（型号：ZTE6250）、用于道路填方压实的徐工集团的重型压路机（型号：XS263J）、用于材料吊运的中联重科的大型起重机（型号：ZTC800V）以及用于混凝土生产的南方路机的搅拌站（型号：HZS180）等。以盾构机租赁为例，租赁一台性能先进、适应复杂地质条件的盾构机，每月租金为 60 万元（包含设备操作手工资、设备日常维护保养费用等），租赁期为 20 个月，盾构机租赁总费用为 1 200 万元。设备租赁合同详细规定租赁设备的型号规格，如土压平衡盾构机，刀盘直径 6.25 米，具备高扭矩、高精度控制等关键性能参数；租赁期限起止时间明确；租金支付方式为每月初支付当月租金；设备维护责任方面，施工单位负责日常的设备巡检、润滑等保养工作，如每日施工前检查盾构机各系统运行状态，每周进行一次全面的设备维护，及时添加润滑油、检查刀具磨损情况等，设备供应商则负责提供技术支持、定期进行深度检修以及设备突发故障的紧急抢修服务，确保设备正常运行，避免因设备故障导致工程延误。施工单位在租赁期间按照合同约定定期支付租金，并建立设备租赁费用台账，记录每一笔租金支付情况，包括支付时间、支付金额、支付凭证编号等信息，便于财务核算与管理。

3）人工费用支出核算

人工费用是项目成本的重要组成部分。在该高速公路项目施工高峰期，施工人员总数达到 8 000 人，涵盖各类工种，其中技术工人包括经验丰富的桥梁工程师、隧道施工专家、测量放线技师等，普通工人则有从事土方挖掘、混凝土浇筑、钢筋绑扎等工作的劳务人员。平均人工月工资根据工种不同有所差异，技术工人平均月工资为 10 000 元，普通工人平均月工资为 6 000 元。施工单位依据精确的考勤记录，如采用电子打卡系统记录员工每天的上下班时间，结合工资发放标准，计算人工费用。每月人工费用支出约为 6 000 万元（假设技术工人 3 000 人，普通工人 5 000 人，计算可得：3 000×10 000+5 000×6 000）。工资发放方式统一采用银行转账，通过与银行合作的工资代发系统，确保工资准确无误地发放到每位员工个人银行账户，保障工资发放的安全、及时与准确。同时，施工单位严格按照国家规定为员工缴纳社会保险，包括养老保险、医疗保险、失业保险、工伤保险和生育保险，缴费基数根据员工工资总额确定，缴费比例按照当地政府规定执行，如养老保险单位缴费比例为 16%，个人缴费比例为 8%；住房公积金缴费比例为单位和个人各 12% 等。这些社保和公积金费用也一并计入人工成本，在财务核算中单独列支，确保人工成本核算的全面性与准确性。

2. 资金余额核对与处理

（1）资金余额核对

在全面完成资金收支核算后，须对项目资金余额进行细致核对。这一过程通过编制资金余额调节表来实现，将项目银行账户余额与企业财务账目中记录的资金余额进行逐一比对。例如，在高速公路项目全线 280 千米路基基本贯通，即将进入路面铺设阶段时进行资金余额核对工作。此时，项目银行账户显示余额为 8 000 万元，而企业财务账目记录的资金余额为 7 800 万元，两者存在 200 万元差异。为查明差异原因，财务人员展开深入调查。经详细核对发现，差异主要源于银行未达账项。一方面，有一笔 1 000 万元的业主支付进度款，银行已入账，但企业尚未收到入账通知。这笔款项是业主在 2023 年 9 月 15 日支付，用于支持项目路面工程材料采购的专项资金，银行在收到款项后及时进行了账务处理，但由于信息传递延迟或其他原因，企业财务部门未能及时获取入账信息。另一方面，企业已支付但银行尚未划出的设备租赁款 400 万元。该笔款项是施工单位在 2023 年 9 月 20 日支付给某设备租赁公司的当月租金，企业财务已完成记账处理，但银行由于系统处理或人工操作等因素尚未实际划出款项。此外，还有一笔银行手续费 50 万元，银行已扣除但企业尚未记账。这笔手续费是银行在处理各类项目资金收支业务过程中按照规定收取的费用，于 2023 年 9 月 25 日扣除。通过对这些未达账项的逐一核实和调整，将银行已入账而企业未入账的款项以及银行已扣除而企业未记账的手续费等进行相应的账务处理，确保企业财务账目与银行账户余额准确无误，最终使两者达成一致，清晰呈现项目资金的真实状况。

（2）资金余额处理

若经核对发现资金余额出现多余款项，施工单位必须严格按照合同约定和财务制度规定进行退还处理。例如，若核算结果显示业主多支付了 500 万元工程款项，施工单位应立即启动退款流程。首先，与业主进行积极、及时的沟通，以书面形式正式告知业主多付款项的情况，并明确表示将尽快办理退款手续。随后，施工单位财务部门准备详细的退款明细，其中明确注明退款原因，如"业主多支付工程款项"，退款金额 500 万元，并附上精确的计算依据，包括每一笔多计款项的来源、对应的合同条款及计算过程等，确保业主能够清晰地理解退款的具体情况。退款方式通常采用安全、便捷且可追溯的银行转账方式，施工单位财务人员准确填写业主的收款银行账户信息，包括开户银行名称、账号、户名等，提交银行转账申请，并留存转账凭证作为退款的有效记录，以便业主进行账务核对与处理，保证资金安全、无误地退回业主账户。反之，若资金余额不足，施工单位则需迅速采取措施筹措资金以弥补缺口。如在项目竣工结算后，发现资金缺口为 800 万元，施工单位需综合考虑多种资金筹集渠道。若企业自有资金充足,可动用部分自有资金进行补缴,这需要对企业当前的资金状况进行全面评估,包括企业的现金储备、可变现资产等,确保自有资金的动用不会影响企业的正常运营及其他项目的开展。若自有资金不足以填补缺口,施工单位可考虑向银行申请贷款。在申请贷款过程中,施工单位需准备详尽的贷款申请资料,如项目的详细介绍、竣工结算报告、资金缺口说明、企业的财务报表、还款计划等,向银行充分展示项目的情况及还款能力,争取获得有利的贷款条件,包括合理的贷款金额、较低的贷款利率和较长的贷款期限等,以降低资金筹集成本。同时,施工单位还需合理安排资金筹集计划,制定详细的资金到账时间表,确保筹集的资金能够及时足额到位,避免因资金不足导致项目交付延误,影响企业信誉及后续财务结算工作的顺利进行。

(二)债权债务清理

债权债务清理是财务清算工作不可或缺的重要组成部分,其核心目标是全面、细致地梳理项目实施过程中产生的各类债权债务关系,确保项目相关各方的合法权益得到切实保障,有效避免因遗留问题给项目交付带来不利影响,维护项目的财务稳定与可持续性。

1.债权债务梳理

(1)债权梳理

在该央企高速公路项目中,施工单位存在多种类型的债权。其中,对业主的应收账款最为常见且金额较大。例如,施工单位按照合同约定,高质量完成了高速公路多个路段的大量工程施工任务,但业主部分进度款尚未支付,形成了应收账款。经精确核算,截至项目竣工,施工单位对业主的应收账款余额高达 3.5 亿元。其中主要包括未支付的工程进度款 3 亿元,涉及多个施工阶段,如路基工程中,某段完成的填方量 300 万立方米,按合同单价 35 元 / 立方米计算,应支付进度款 1.05 亿元;桥梁工程中,某段完成的桥墩浇筑 200 个,单价 8 000 元 / 立方米,梁板架设 5 000 吨,单价 2 500 元 / 吨,应支付进度款 1.55 亿元(200 个 ×18.75 立方米 ×8 000);隧道工程中,武隆至道真段掘进 3 000 米,单价 15 000 元 / 米,应支付进度款 0.45 亿元(3 000 米 ×1.5 万元 / 米),各路段进度款累计未支付金额达 3 亿元。工程变更增加的价款为 5 000 万元,这些变更源于设计优化调整、地质条件变化等因素。如某路段因地质复杂增加了桥梁基础加固工程，设计变更后增加的工程量经核算为钢筋用量增加 200 吨（单价 5 000 元 / 吨）、混凝土用量增加 500 立方米（单价 800 元 / 立方米），以及额外的施工工艺费用 100 万元，经业主和监理确认后应增加相应工程价款共计 500 万元；在武隆至道真段，因路线优化调整，隧道长度增加 200 米，按照合同约定的单价计算，应增加工程价款 450 万元等，各变更事项累计增加价款 5 000 万元。施工单位专门建立了详细的应收账款台账，台账中针对每一笔应收账款，详细记录其发生时间，精确到年月日；金额明确记录至元；合同依据则详细引用合同编号、具体条款内容；业主付款承诺记录业主在相关会议纪要、书面通知或口头承诺中的付款时间、金额等信息，以便施工单位能够及时、有效地跟踪和催收款项，最大程度降低资金回收风险，保障企业资金流的稳定。

此外，施工单位还持有对分包商的押金、保证金等债权。例如，施工单位向某专业隧道分包商收取了 800 万元的履约保证金，该保证金在分包合同签订时支付，用于约束分包商严格履行合同义务，确保分包工程的质量、进度和安全等符合要求。在分包工程完工且通过严格验收，如隧道的衬砌厚度、平整度、防水性能等各项指标均符合设计和规范要求，施工进度按合同约定按时完成，施工过程中未发生安全事故等，满足合同约定的退还条件后，施工单位应按照合同约定及时退还分包商。施工单位需对这些债权进行梳理，确保在满足退还条件时及时履行退还义务，维护与分包商的良好合作关系。

（2）债务梳理

施工单位的债务主要包括对供应商的材料款债务和对分包商的工程款债务等。在材料采购方面，施工单位与多家供应商建立了合作关系，采购了大量建筑材料。例如，与某大型钢材供应商签订了供应合同，合同金额为 8 000 万元，已支付货款 6 000 万元，剩余 2 000 万元材料款尚未支付，形成应付账款。施工单位需详细梳理与各供应商的往来账目，核实应付账款的金额、账龄、合同条款等信息。该钢材供应合同约定的付款方式为预付款 30%（2 400 万元），货物分批交付验收合格后支付 60%（4 800 万元），剩余 10%（800 元）作为质量保证金在质保期（1 年）届满后支付。目前已支付的 6 000 万元中，预付款 2 400 万元于合同签订后支付，货物交付过程中已支付 4 次进度款共 3 600 万元，最后一批货物于 2023 年 8 月 10 日验收合格，按照合同要求应在30天内支付剩余400万元进度款，但尚未支付。账龄从最后一批货物验收合格之日起算，截至目前为（具体账龄时长）。施工单位要确保债务信息准确无误，以便合理安排资金支付计划。在分包工程方面，施工单位将部分工程分包给专业分包商。例如，将桥梁工程中的部分桥段施工分包给一家具有相应资质的分包商，分包合同金额为5 000万元，已支付工程款3 500万元，尚欠分包商工程款1 500万元。施工单位需对分包工程债务进行详细记录，包括分包工程内容为某大桥的引桥部分，包括桥墩、桥台、梁板的施工；分包商完成的工作量经核算为桥墩浇筑150个，桥台完成2座，梁板架设2 000吨；已支付款项的支付时间和金额分别为2022年5月10日支付1 000万元，2022年10月15日支付1 500万元，2023年3月20日支付1 000万元；未支付款项及支付时间节点方面，根据合同约定，工程竣工验收合格后支付至合同价款的95%（4 750万元），剩余5%（250万元）作为质量保证金在质保期（2年）届满后支付，目前工程已于2023年10月10日竣工验收合格，应支付至合同价款的95%，即尚须支付1 250万元（4 750–3 500），质量保证金250万元在2025年10月10日质保期届满后支付。施工单位需根据这些信息合理安排资金支付计划，确保债务按时足额清偿。

2. 清偿计划制订与执行

（1）清偿计划制订

根据债权债务梳理结果，施工单位制订合理的清偿计划。对于应收账款，制订详细的催收计划，明确催收责任人、催收方式和时间节点。例如，安排经验丰富的项目经理作为催收责任人，负责与业主沟通协调。催收方式包括定期向业主发送催款函，催款函中详细列出未支付款项的明细、金额、合同依据以及逾期利息计算方式（若合同有约定）等信息，同时附上工程进度报告、质量验收文件等证明资料，以增强催款的合理性和说服力。每周与业主相关部门负责人进行电话沟通，询问付款进度并催促尽快支付；每月安排一次面对面会议，与业主高层领导进行沟通协商，及时解决付款过程中可能存在的问题。对于账龄较长的应收账款，如超过一年的，加大催收力度，可考虑聘请专业律师向业主发送律师函，明确告知业主逾期付款的法律后果，如承担违约责任、可能面临诉讼等。同时，根据业主的资金状况和付款承诺，合理预计应收账款的回收时间，以便安排资金使用。若业主表示资金紧张，预计在未来三个月内逐步支付，则施工单位须根据这一时间表合理调整自身资金计划，确保在业主付款前有足够资金维持运营。

对于应付账款，根据债务到期时间、供应商重要性等因素制订支付计划。优先支付对项目进度影响较大的供应商款项，如关键材料供应商的货款，确保材料供应的连续性。例如，对于供应水泥的主要供应商，其水泥质量稳定且供应及时，对工程进度起着关键作用，应优先安排支付其货款。对于资金紧张的情况，与供应商协商延长付款期限或采取分期付款方式，但需取得供应商的同意，并签订补充协议明确付款计划和违约责任。例如，与某钢材供应商协商，将剩余 2 000 万元材料款分四期支付，第一期在项目竣工后一个月内支付 500 万元，第二期在两个月内支付 500 万元，第三期在三个月内支付 500 万元，第四期在四个月内支付 500 万元，同时约定若施工单位未按时支付，须按照未支付金额的每日万分之五支付违约金。对于分包商工程款，根据分包工程的竣工验收情况和合同约定的付款节点进行支付安排。如上述桥梁分包工程，在工程竣工验收合格后，及时准备支付 1 250 万元进度款，确保分包商能够及时收到款项，维持其正常经营，同时也维护双方良好的合作关系。

（2）清偿计划执行

在执行清偿计划过程中，施工单位严格按照计划安排资金支付。对于应收账款的催收，及时跟踪业主的付款动态，积极配合业主办理付款手续，如提供发票、工程结算报告等必要文件。若业主提出付款异议，及时沟通协商解决，确保应收账款顺利回收。例如，在向业主催收 1 亿元工程进度款时，施工单位按照业主要求提供了详细的工程进度报告，报告中包括各路段的工程完成情况、质量检测数据、形象进度照片等，以及经第三方审计的工程结算报告，经业主审核无误后，在一个月内收到了进度款。

对于应付账款的支付，施工单位确保资金按时足额支付给供应商和分包商。在支付前，仔细核对支付金额、账户信息等，避免支付错误。同时，保留好支付凭证，便于财务记账和审计核查。例如，在支付某供应商 800 万元材料款时，施工单位财务人员认真核对了合同、发票、付款申请等文件，确认无误后通过银行转账支付，并及时将支付凭证交给会计进行账务处理。通过严格执行清偿计划，施工单位有效清理了项目债权债务，确保项目交付过程顺利进行，避免因财务问题引发纠纷，保障了项目各相关方的合法权益。同时，在整个清偿过程中，施工单位加强内部管理，建立有效的沟通机制，确保财务部门、工程部门、采购部门等各部门之间信息畅通，协同工作，提高清偿工作的效率和质量。例如，财务部门及时向工程部门和采购部门通报资金状况，工程部门及时反馈工程进度和质量情况，采购部门及时与供应商沟通协调材料供应和付款安排，共同推动清偿计划的顺利实施。在与业主沟通时，保持专业、诚恳的态度，以解决问题为导向，积极寻求双方都能接受的解决方案。对于供应商和分包商，严格遵守合同约定和补充协议，展现良好的商业信誉，维护长期稳定的合作关系。同时，密切关注市场动态和企业自身财务状况的变化，根据实际情况适时调整清偿计划，确保计划的灵活性和适应性，最大程度降低财务风险，实现项目财务的平稳过渡和项目交付的圆满完成。此外，施工单位还应建立清偿计划执行情况的监督和评估机制，定期对计划执行进度、效果进行检查和分析。例如，每月召开一次清偿计划执行情况会议，各部门汇报工作进展，财务部门对比实际执行情况与计划目标的差异，对出现的偏差及时进行原因分析，如因业主资金审批流程延迟导致应收账款回收缓慢，或因企业自身资金筹集困难影响应付账款支付进度等，并采取相应的纠正措施。对于执行情况良好的部门给予表彰和奖励，激励员工积极参与清偿工作；对于执行不力的部门进行督促和整改，确保清偿计划按质按量完成，保障项目财务清算工作的全面、有序、高效开展，为企业的可持续发展奠定坚实基础。

二、项目交付程序

项目交付程序涵盖资产移交和资料交接两大方面。在资产移交中，首先需编制详细的资产移交清单，包括固定资产和流动资产。固定资产清单涉及基础设施如高速公路主线、匝道、桥梁、隧道等，详细记录其建设成本、材料用量及价值，例如，某央企高速公路项目中，路基填方量、路面铺设面积、桥梁和隧道的建设成本及其各项构成均被精确核算。设备类资产则包括施工机械设备的型号、数量、购置时间、使用小时数、保养维修记录等。流动资产清单则涵盖库存材料如钢材、水泥、砂石料等的数量、规格、账面价值，以及低值易耗品如施工工具、安全防护用品等的数量和使用状况。随后，成立交接工作小组，由施工单位和业主或运营单位共同组成，负责现场核对与验收固定资产的结构完整性、功能正常性，流动资产的数量和质量，并签署资产交接文件，确保交接的准确性和完整性。在资料交接方面，规定了资料交接的范围和内容，包括竣工图纸（路线平面图、纵断面图、横断面图）、技术资料（施工工艺文件、工程质量检测报告、设备技术资料）、合同文件（施工合同、采购合同、租赁合同）以及财务报表（资产负债表、利润表、现金流量表）。资料交接方式可采用纸质资料交接，将资料整理成册并装订，双方签字确认；或电子资料交接，将资料扫描成电子文档存储在光盘或 U 盘中，并建立电子目录方便查找和管理。此外，还可采用现场演示的方式，如施工工艺的现场演示，以便直观地展示施工过程。为确保资料交接的完整性和准确性，建立资料交接管理制度，明确交接流程、责任、时间节点等，并加强对资料交接过程的监督。同时，注意资料的保密问题，对涉及商业机密、个人隐私等资料采取相应保密措施。在资产移交过程中，对资产的质量检验至关重要，如高速公路路面资产的平整度和抗滑性能检测。还需考虑资产的安全防护措施，如桥梁的结构安全防护，确保桥梁结构稳定性。资产移交和资料交接完成后，需对整个项目交付程序进行总结和评估，发现问题和不足及时进行改进。

第三节　保修期与后期维护的财务安排

一、保修金管理

保修金管理涉及保修金的预留和使用两个方面。在保修金预留方面，其比例和方式均根据具体情况而定。合同约定中，复杂项目如穿越山区的高速公路路段，因地质条件复杂、施工难度大，经双方协商确定保修金预留比例为 4%，如工程结算价款为 60 亿元，则预留保修金为 2.4 亿元。桥梁工程因其结构复杂且造价较高，保修金预留比例也通常高于其他工程。行业标准方面，经济发达地区对高速公路项目的质量要求较高，保修金预留比例可能会相对较高，如长三角地区普遍在 4%~5% 之间；同时，采用先进技术和工艺的项目，保修金预留比例也会相应提高。预留方式可分为一次性扣留和分期扣留，前者在施工单位提交结算款后，业主或建设单位审核后按比例扣留，并建立相应的财务制度确保合规性；后者则根据工程进度和质量情况确定每期扣留的时间、金额，并制订详细的分期扣留计划。

在保修金使用方面，主要涵盖维修费用、质量检测费用以及其他相关费用。维修费用包括路面裂缝维修和桥梁结构维修等，需考虑材料、人工、设备租赁等费用。质量检测费用则包括检测项目费用和设备校准、维护费用。其他相关费用如因维修导致的交通拥堵费用和安全事故费用等也需考虑在内。保修金的使用需经过施工单位申请、业主或建设单位审核的审批流程。施工单位在申请时需详细说明维修的原因、预期效果及提供维修方案和相关证明材料、维修计划等。业主或建设单位在审核时会对维修方案、维修费用、施工单位的资质和信誉进行评估，审核通过后明确维修的内容、金额以及支付方式，并对维修过程提出要求和进行监督，确保维修工作按照计划进行，维修质量符合要求。

二、后期维护费用预算

后期维护费用预算包括维护项目及费用预测、资金来源安排两部分。在维护项目及费用预测中，设备维修方面，针对土方施工设备如挖掘机和装载机，以及路面施工设备如沥青摊铺机和压路机，详细列出了液压系统、发动机、传动系统、制动系统、螺旋布料器、熨平板、振动系统、转向系统等各部件的常见故障、维修方法及费用。设施保养方面，护栏保养每年需进行外观检查和清洁，每3年进行一次防腐处理，费用根据护栏长度和面积计算；标志标线保养每年需全面清洗，标线每2年重新施划一次，费用根据标志数量和标线面积计算。路面修复方面，坑槽修复需立即启动，包括切割、清除松散材料、吹净、喷洒粘层油、填充热拌沥青混合料、碾压等步骤，费用按修复面积计算；车辙修复根据程度采取微表处或铣刨重铺方式，费用也按修复面积计算。在资金来源安排中，项目运营收入包括收费收入和其他收入，收费收入根据车流量和收费标准计算，其他收入来自广告和服务区经营。专项维修资金包括政府拨款和基金募集，政府拨款金额根据高速公路需求和政府财政状况调整，基金募集通过发行债券、募捐等方式向社会公众筹集。企业自筹资金包括企业利润和银行贷款，企业利润根据经营状况分配一部分用于后期维护，银行贷款需根据企业实际情况和银行要求确定额度和还款方式。

第七章 项目后期运营与维护的财务管理

第一节 运营阶段的财务规划与预算

一、运营收入预测——以铁路项目为例

（一）客运收入

1. 客流量分析

（1）市场调研

1）人口结构与出行需求

调研团队组建与分工：组织由市场营销专家、数据分析人员和本地调研人员构成的专业团队。市场营销专家负责设计问卷和访谈大纲，确保涵盖关键信息；数据分析人员准备数据收集和分析工具；本地调研人员利用其人脉和熟悉当地情况的优势，开展线下工作。

线上问卷发放：通过社交媒体平台、本地生活服务类 App、铁路官方网站及 App 等多渠道发放问卷。例如，与当地热门的生活服务 App 合作，在其首页推送问卷入口，吸引大量用户参与。针对不同年龄段人群的使用习惯，在年轻人常用的社交平台如微信、抖音重点推广；对中老年人群，除线下访谈外，还通过社区微信群等方式引导填写问卷。共回收有效问卷 5 万余份。

线下访谈实施：在沿线城市的主要商圈、写字楼、学校、社区等地展开访谈。在城市 A 的某大型写字楼，选取不同楼层、不同行业的公司，对上班族进行访谈。了解到一家从事互联网行业的公司，员工日常因商务出差每月乘坐火车出行平均 2~3 次。在学校，与学生和老师交流，得知寒暑假期间学生

出行需求大幅增加。对当地社区的居民访谈发现，退休老人在旅游旺季有较高的出行意愿，多选择周边短途游。

数据整合与分析：通过对问卷和访谈数据的整理，得出城市 A 的出行需求分布情况。上班族因通勤和商务出差，在工作日早晚高峰时段对短途和中长途铁路出行需求较大；学生群体集中在寒暑假及小长假往返家校；旅游出行在节假日、暑期和春秋旅游旺季显著提升。结合当地政府部门提供的过去 5 年公共交通出行数据，发现铁路出行占长距离出行方式的比例从 30% 增长至 40%，且呈持续上升趋势。

2）竞争对手分析

高速公路客运调研：安排调研人员在高速公路服务区、长途汽车站等地，观察并记录长途客运大巴的客流量。在某高速公路服务区，统计连续一周内每天上午 9：00—11：00 时间段内，过往长途客运大巴的数量及乘客上下车情况。发现平均每天该时段有 20 辆大巴停靠，每辆大巴平均载客量约为 30 人，据此估算该时段该服务区长途客运大巴的客流量约为 600 人次。同时，与长途客运公司的运营人员交流，了解到大巴的运营成本、票价策略及客源情况。得知因高速公路拥堵、舒适性较差等原因，部分商务旅客和家庭出行旅客逐渐转向铁路出行。

周边高铁线路对比：对周边已开通的高铁线路 B 进行详细调研。与线路 B 的运营公司沟通，获取其开通初期至今的客流量数据、客流高峰期分布、旅客来源地及目的地等信息。分析发现，线路 B 沿线城市的经济发展水平、人口规模与本线路相近，但本线路途经多个著名旅游景点，如国家级 5A 景区。通过对旅游市场的调研，预计旅游旺季期间，因旅游带动的客流量将使本线路平均每日客流量比线路 B 开通初期增加 1 000~1 500 人次。

（2）历史数据分析

数据收集范围与筛选：收集全国范围内 30 条类似铁路线路的开通运营数据，这些线路在建设标准、线路长度（误差在 ±200 千米以内）、站点数量（误差在 ±5 个以内）、途经地区经济发展水平（GDP 总量误差在 ±20% 以内）等方面具有相似性。利用数据爬虫技术，从铁路行业数据库、相关学术研究报告、行业资讯网站等渠道获取数据，并进行严格筛选和清洗，确保数据的准确性和可靠性。

数据挖掘与模型建立：运用数据分析软件，如 SPSS、Python 的数据分析库，对筛选后的数据进行深入挖掘。以线路 C 为例，通过建立时间序列分析模型，结合当地经济发展增速、旅游市场发展趋势等因素，分析其客流量增长规律。发现随着当地经济发展和旅游宣传推广，其客流量在开通后的前 5 年，每年以 6%~8% 的速度稳定增长。考虑到本线路的优势，如旅游资源更丰富、途经城市间产业协同发展更紧密等，预计本线路开通初期平均每日客流量可达 10 000 人次，且在运营的前 3 年，每年客流量增长率在 7%~8% 之间，之后稳定在 5%~6%。

2. 票价制定

（1）成本核算

车辆购置与折旧核算细节：采购的一列动车组列车成本为 2 亿元，采用直线折旧法计算折旧。在财务核算中，明确列车的预计净残值为 1 000 万元，根据使用寿命 30 年，每年折旧额 =（20 000−1 000）÷30≈633.33 万元。将每年折旧额分摊到每趟列车每日运营成本时，考虑列车的日均运营趟数。假设该列车平均每天运营 3 趟，则每趟列车每日折旧成本约为 0.58 万元（633.33÷365÷3）。

能源消耗成本计算：每列动车组列车每千米耗电量为 80 千瓦·时，通过与供电部门合作，获取准确的电价信息。在不同地区，根据当地的峰谷电价政策，平均每度电价格为 0.6 元。若列车平均每天运行 500 千米，每天的能源消耗成本 =80×500×0.6=24 000 元。同时，考虑到列车在不同运行速度、载重情况下的能耗差异，通过列车运行监测系统收集实际能耗数据，对能耗成本进行动态调整。

人员工资核算：每列列车配备 10 名乘务员，月工资 8 000 元，司机月工资 12 000 元。除基本工资外，还考虑绩效工资、加班工资等因素。根据铁路行业的工作特点，乘务员和司机在节假日、加班时段的工资按照法定标准进行核算。每月人员工资成本 =10×8 000+12 000=92 000 元，每日约 3 067 元（92 000÷30）。同时，为应对突发情况和人员轮休，预留一定比例的备用人员，将备用人员的工资成本也分摊到每趟列车每日运营成本中。

车站运营维护成本分摊：以某大型车站为例，车站每年的运营维护成本包括水电费、保洁费、设备维修保养费等，总计约 5 000 万元。该车站每天停靠列车 200 趟，通过计算，每趟列车每日分摊的基本运营维护成本约为 685 元（50 000 000 ÷ 365 ÷ 200）。再根据不同列车的停靠时间、占用资源情况进行微调，例如短停靠列车（停靠约 5 分钟）的权重系数为 0.8，分摊成本为 548 元；长编组始发车（停靠约 20 分钟）的权重系数为 1.5，分摊成本为 1 028 元。因本趟列车属于长编组始发车，最终确定其每趟分摊的每日运营维护成本约为 1 028 元。

（2）市场导向定价

旅游旺季票价调整实施：在每年 7—8 月旅游旺季，针对旅游热门方向，如通往著名旅游景区的线路，提前一个月通过铁路官方网站、App、社交媒体等渠道发布票价调整信息。二等座票价在平时基础上上浮 10%，从 120 元调整为 132 元；一等座票价上浮 15%，从 180 元调整为 207 元；商务座票价上浮 20%，从 300 元调整为 360 元。通过大数据分析，监测票价调整后的售票情况，若某一车次在调整票价后的一周内，售票率仍保持在 80% 以上，则维持该票价；若售票率低于 60%，则适当回调票价或推出优惠套餐。

分时定价策略：利用大数据分析旅客出行规律，将一天划分为不同时段。工作日早晚高峰时段（7：00—9：00，17：00—19：00），为缓解客流压力，二等座票价上浮 5%，一等座和商务座票价上浮 8%。非高峰时段，如上午 10：00—12：00，下午 14：00—16：00，推出折扣票价，二等座票价打 9 折，一等座票价打 8.5 折，商务座票价打 8 折。通过动态调整票价，提高座位利用率，增加整体客运收入。同时，针对不同席别的旅客需求弹性，制定差异化的定价策略。例如，二等座旅客对价格较为敏感，票价调整幅度相对较小；商务座旅客更注重服务和舒适性，票价调整幅度可适当加大。

（二）货运收入

1. 货物运输需求分析

（1）产业布局调研

政府部门合作细节：与铁路沿线地方政府的经济发展部门、工业园区管理机构建立长期合作机制。定期参加政府组织的经济发展研讨会、产业对接会等活动，及时获取最新的产业布局信息。在与城市 D 的经济发展部门合作中，参与其产业规划编制的前期调研工作，了解到当地大型钢铁产业园区的发展规划、产能扩张计划以及未来的运输需求预测。得知该园区未来 3 年内将新增一条生产线，年产量预计增加 200 万吨，其中 80% 的产品仍将通过铁路运输。

企业实地考察：对沿线城市的重点企业进行实地考察。在城市 E 的一家大型电子电器制造企业，参观其生产车间、仓库和物流配送中心，与企业的物流负责人深入交流。了解到该企业的产品主要销往沿海地区的大型零售商和电商平台，目前铁路运输占总运输量的 40%，随着业务拓展，计划将铁路运输比例提高到 60%。同时，获取该企业的产品类型、包装规格、运输时间要求等详细信息，为后续的运输方案制定和运价调整提供依据。

（2）运输需求与半径

煤矿实地考察与数据收集：对沿线 3 个大型煤矿进行实地考察，与煤矿企业的生产、销售、运输等部门负责人进行座谈。在某煤矿，了解到其年产量为 500 万吨，其中 80% 的煤炭通过铁路运输，主要销售给周边 500 千米范围内的 6 家火力发电厂和 3 家钢铁厂。通过查看煤矿的销售合同、运输单据等资料，获取煤炭的运输路线、运输时间、运输量等准确数据。同时，与煤矿企业共同分析未来煤炭市场的需求变化趋势，预测随着环保政策的加强，对优质动力煤的需求将增加，预计该煤矿未来 3 年内年产量将保持 5%~8% 的增长速度。

物流企业调研实施：与当地 5 家主要的物流企业进行合作调研。在其中一家物流企业，查看其货物运输管理系统，了解工业制成品等其他货物的运输半径和目的地分布情况。发现该物流企业承运的工业制成品中，约 70% 运往沿海港口城市，平均运输距离为 400 千米；30% 运往内陆主要消费市场，平均运输距离为 300 千米。通过对多家物流企业的数据整合分析，预计工业制成品等其他货物的年运输量为 800 万吨，且随着沿线地区产业升级和对外贸易的增长，年运输量将以 8%~10% 的速度递增。

2. 运价制定

（1）成本加成定价

车辆购置与折旧分摊：以一列专门用于煤炭运输的货运列车为例，车辆购置成本为 8 000 万元，使用寿命为 25 年，预计净残值为 500 万元。采用年限平均法计算折旧，每年折旧额 =（8 000-500）÷25=300 万元。该列车每年运行里程约为 30 万千米（根据实际运输任务和线路情况估算），则分摊到每吨千米的车辆购置与折旧成本约为 0.005 元（3 000 000÷300 000÷2 000，假设每趟列车载重 2 000 吨）。

燃料消耗成本计算：若该货运列车采用电力驱动，每千米耗电量为 150 千瓦·时，平均每度电价格为 0.6 元，则每吨千米燃料消耗成本约为 0.045 元（150×0.6÷2 000）。若采用柴油驱动，每千米柴油消耗量为 30 升，柴油价格为 7 元/升，则每吨千米燃料消耗成本约为 0.105 元（30×7÷2 000）。考虑到铁路运输的电气化发展趋势，在成本核算中以电力驱动为主，并预留一定的成本调整空间，以应对能源价格波动。

人员工资分摊：每列货运列车配备 4 名工作人员，包括司机、押运员等，月工资总计 30 000 元。每年按 300 个工作日计算，每天运行一趟，每趟运输距离为 500 千米，则每吨千米人员工资成本约为 0.0012 元（30 000×12÷300÷500÷2 000）。同时，考虑到人员培训、福利等费用，将这部分成本按一定比例分摊到每吨千米运输成本中。

线路维护成本分摊：铁路线路的维护成本包括轨道维修、信号系统维护、通信设备维护等。以某段 100 千米的铁路线路为例，每年的维护成本约为 1 000 万元。该线路每年通过的货运列车约为 10 000 趟，每趟列车载重 2 000 吨，则每吨千米线路维护成本约为 0.005 元（10 000 000÷10 000÷100÷2 000）。综合以上各项成本，煤炭运输的每吨千米综合成本约为 0.18 元。在此基础上，考虑 10%~15% 的利润率，确定煤炭每吨千米的运价为 0.2 元。

（2）市场竞争定价

公路运输价格对比：安排调研人员定期收集公路运输的运价信息。在当地的物流市场，了解到公路运输煤炭的价格在不同运输距离下有所差异。对于 200 千米以内的短途运输，公路运输每吨千米运价约为 0.3 元；但公路运输的灵活性高，可实现门到门运输。对于长途运输，如 500 千米以上，公路运输每吨千米运价约为 0.25 元，但存在运输效率低、安全性较差等问题。铁路运输在批量运输上具有成本优势，对于 200 千米以内的短途煤炭运输，铁路运价可在公路运价的基础上适当下浮 5%~10%，吸引更多客户；对于长途运输，保持与公路运输相近的运价水平，并通过优化运输服务，如提高运输准时性、加强货物安全保障等，吸引客户选择铁路运输。

水路运输价格对比：调研沿线水路运输的运价情况。在某条与铁路平行的河流航道，水路运输煤炭的每吨千米运价约为 0.15 元，但水路运输受季节、水位等因素影响较大，运输时间不稳定。铁路运输在时效性方面具有优势，针对运输时间要求较高的客户，铁路运价可在水路运价的基础上适当上浮 10%~20%。同时，通过与港口、码头合作，开展铁水联运业务，整合运输资源，降低综合运输成本，提高市场竞争力。

二、运营成本预算

运营成本预算涵盖了设备设施维护成本、能源消耗成本及人力成本三大方面。在设备设施维护成本中，轨道维护包括日常巡检、扣件更换和钢轨打磨。日常巡检使用德国某品牌的专业轨道巡检车，配备高精度传感器，由 5 名操作人员分工协作，成本核算考虑了人员工资、车辆燃油及设备损耗。扣件更换则选用符合国标的高强度扣件，定期检查和更换，成本核算基于扣件成本和人工成本。钢轨打磨遵循严格标准，使用大型打磨列车，作业量和费用均经详细计算。信号系统维护涉及设备检修和软件升级，检修工作由 10 名具备资质的技术人员执行，成本核算包括人员工资和检测工具及设备耗材费用；软件升级由专业团队负责，费用包括技术服务、软件授权及差旅费。通信系统维护包括线路巡检与维护、设备维护与更新，巡检工作由 8 名人员分组进行，成本核算考虑人员工资和检测设备及维护工具费用；设备更新决策基于技术发展速度、使用寿命及维护成本，费用包括新设备采购、安装调试及旧设备拆除处置。车辆维护包括日常检修和定期检修，日常检修由 15 名人员负责外观、制动和电气系统检查，成本核算考虑人员工资和检修设备及耗材费用；定期检修每 3 个月进行一次，由 30 名专业技术人员执行，费用包括人员工资和检修设备及更换零部件费用。能源消耗成本基于动车组列车每千米耗电量、运行里程和电价计算。人力成本方面，列车乘务员接受严格培训，享有基本工资、绩效工资、加班工资及福利待遇；车站工作人员分布在多个岗位，工资根据当地物价、经济发展状况及工作表现调整，设有绩效奖金制度；维修人员根据技术等级分为初级、中级和高级，实行 24 小时值班制度，工资与技术水平挂钩，确保设备故障时及时维修。

第二节 维护成本的预测与控制

一、维护成本预测方法

维护成本预测方法主要包括基于历史数据的时间序列分析、设备寿命周期成本法以及基于故障概率的预测方法。

在时间序列分析中，首先进行数据收集与预处理，数据来源不仅限于铁路项目的运维管理系统、财务报表和设备维护记录，还与设备采购、维修服务外包部门沟通获取更多信息，特别是对于轨道维护成本，还考虑了沿线地质状况。数据清洗时，针对通信系统维护成本数据的缺失值，会分析数据趋势和同期其他线路的成本情况来合理估算；对于车辆维护成本数据中的异常值，会通过对比不同车型、使用年限的成本数据来发现并纠正。数据转换时，对呈现右偏态分布且增长幅度逐渐变大的轨道维护成本数据进行对数变换，以满足时间序列分析对数据平稳性的要求。

在模型选择与构建方面，进行平稳性检验时，针对信号系统维护成本数据，选择包含常数项和趋势项的检验模型，若不平稳则进行一阶差分后再检验。模型定阶时，结合 ACF 和 PACF 图以及实际业务知识，如轨道维护工作通常按季度进行，来确定 ARIMA 模型阶数，并通过对比 AIC 和 BIC 值选择最优模型。参数估计时，采用极大似然估计法，并多次尝试不同初始值以提高准确性，同时对估计出的参数进行显著性检验。

模型评估与验证时，除了进行 Ljung-Box 检验计算残差序列的 Q 统计量，还绘制残差的自相关图和偏自相关图来直观观察残差序列是否存在自相关，并针对特殊情况引入虚拟变量重新进行模型估计和残差检验。在划分训练集和测试集时采用分层抽样方法，评估模型预测准确性时除了计算 MSE、MAE 指标外，还计算 MAPE 以更直观地反映预测值与实际值之间的相对误差，对于预测效果不理想的模型会深入分析原因并改进。

设备寿命周期成本法中，设备信息收集包括采购成本核实、使用寿命精准评估、维修间隔期动态调整以及每次维修成本细致估算。在成本计算模型构建时，细化了总成本公式，考虑了维修工作的复杂性和紧急程度对成本的影响，以及设备报废处理成本，并采用折现率将未来的维修成本和设备报废处理成本折算到当前时刻。在预测与分析时，进行分阶段预测详细分析，并对影响设备寿命周期成本的关键因素进行敏感性分析，为铁路部门在设备采购、技术研发和维护管理方面提供决策支持。

基于故障概率的预测中，首先建立故障数据库，数据采集全面且详细，还与一线维修人员进行定期交流获取潜在故障隐患信息，并对故障数据进行分类与编码优化。在故障概率计算时，对历史故障频率统计进行优化，考虑设备实际运行时间和季节因素影响，选择合适的故障概率模型如威布尔分布模型，并根据设备使用环境变化和技术改进动态调整故障概率。在维修成本预测时，对单个故障维修成本进行精准估算，考虑历史维修成本记录、当前物价水平、人工费用标准以及零部件成本分析等因素，并对系统维修成本预测进行风险评估，采用蒙特卡罗模拟方法计算维修成本的概率分布，根据风险评估结果制定相应的应急预案。

二、维护成本控制措施

维护成本控制措施主要包括优化维护计划、加强供应商管理和提高人员培训与技术创新水平。在优化维护计划方面，针对轨道维护，构建了实时监测体系，选用先进轨道探伤车搭配高精度激光检测设备，并设定了警戒值与预警机制，确保及时响应轨道问题。维修资源调配与实施则详细规划了打磨班组作业和钢轨更换与焊接的流程。对于信号系统维护，建立了设备状态评估体系，运用数据分析算法评估设备健康状况，并动态调整检修周期和优化检修内容。同时，对联锁设备和调度集中系统等重点设备进行实时监测，确保冗余备份系统可靠。在加强供应商管理方面，细化了供应商筛选与合作关系建立的评估指标，优化了采购策略，并严格管理质量控制与售后服务，实施联合库存管理以分担库存成本。为提高人员培训与技术创新水平，规划了详细的培训体系，包括基础理论知识、基本操作技能、专业技术深化和新技术应用培训，并通过理论考试、实际操作考核和工作表现评估培训效果。此外，邀请外部专家进行培训与交流，设立技术创新奖励基金，将技术创新成果与个人绩效考核挂钩，并对具有推广价值的创新成果采取多种推广措施，如组织培训、制定作业规范和安全操作规程等，以促进技术创新成果在维护团队中的传播和应用。

第三节　资产管理与折旧的财务处理

一、资产分类与计价

（一）资产分类

1. 线路

铁路线路，作为铁路运输的基石，由铁轨、路基、道床等构成。铁轨通常采用高强度合金钢制成，耐磨抗腐，铺设时需确保轨道平整度和轨距精度。路基是线路的基础支撑，其施工质量直接影响线路的稳定性和安全性，需进行压实处理。道床则支撑轨道并传递列车荷载，由碎石、道砟等材料组成，需确保厚度和坡度符合设计要求。此外，铁路线路还包括道岔、桥梁、隧道等设施。道岔用于改变列车行驶方向，其设计和施工需考虑列车速度和安全要求。桥梁是跨越河流、山谷等地形的重要设施，其设计和施工需考虑承载能力、跨度、耐久性等因素。隧道则是穿越山体等地形的重要设施，其设计和施工需考虑安全性、稳定性和施工难度等因素。

2. 桥梁

桥梁由桥墩、桥台、桥跨等部分组成。桥墩是桥梁的支撑结构，承受桥跨和桥梁荷载。桥台连接桥跨和路基，桥跨则跨越河流、山谷等地形。桥梁的设计和施工需考虑各部分的承载能力、稳定性和耐久性等因素，同时，桥梁的附属设施，如栏杆、扶手、照明等，也需考虑安全性和美观性。

3. 隧道

隧道由隧道主体、衬砌、通风系统等部分组成。隧道主体承载隧道荷载，保证隧道安全。衬砌保护隧道主体，防止渗漏。通风系统则保证隧道内空气流通，排放有害气体。隧道的设计和施工需考虑各部分的承载能力、稳定性和耐久性等因素，同时，隧道的附属设施，如照明系统可为通行提供清晰视野，应急疏散通道在突发状况下保障人员安全撤离，消防设施则能快速响应火灾等险情。这些部分与主体结构协同作用，不仅提升隧道的使用功能，更需在设计施工中与主体工程同步规划，确保各系统兼容性与可靠性，最终打造安全、高效且可持续的隧道交通空间。

4. 流动资产

（1）原材料

原材料是铁路项目生产过程中所需的各种物资，包括钢材、木材、水泥、煤炭等。其质量直接影响铁路线路的安全性和稳定性，因此，在采购时需选择质量可靠、规格相符的原材料。

（2）库存商品

库存商品是铁路项目生产过程中所生产的各种商品，包括铁路设备、零部件、工具等。其质量同样直接影响铁路线路的安全性和稳定性，因此，在采购时需选择质量可靠、规格符合要求的库存商品。库存商品的采购、运输、存储等环节也需严格管理。

5. 无形资产

（1）土地使用权

土地使用权是铁路项目所拥有的土地的使用权，其取得方式有多种，如土地出让、土地转让等。在铁路建设中，土地使用权的取得需考虑土地的用途、面积、地理位置等因素。

（2）专利技术

专利技术是铁路项目所拥有的各种专利技术，包括铁路设备、技术、工艺等。其取得方式有多种，如专利申请、专利转让等。专利技术的取得需考虑其技术水平、应用范围等因素。

（3）软件

软件是铁路项目所拥有的各种软件系统，包括铁路管理、运营、通信等方面的软件。其取得方式有多种，如软件购买、软件开发等。软件的取得需考虑其功能、性能等因素。

（二）资产计价方法

1. 固定资产计价

（1）购置成本

设备采购环节，需制定详细的采购需求文档，综合对比多家供应商的产品和价格。运输费核算时，需根据设备的尺寸、质量以及起运地和目的地的实际情况选择合适的运输方式和工具，并计算运输费用。安装调试费则包括技术人员的人工费用、设备的租赁费等。

（2）建造价值

建筑材料采购与管理需严格把控质量，减少材料损耗。人工费用核算时，需根据不同工种和技术等级制定详细的工资标准，并考虑工人的加班情况和福利。施工设备管理则需进行充分的市场调研，建立设备维护保养制度，确保设备的正常运行。

（3）折旧方法

直线法应用时，需确定机车的初始购置成本、预计净残值和预计使用寿命，然后计算每年的折旧额。双倍余额递减法应用时，则需计算双倍直线折旧率，并根据每年的折旧额进行会计处理。

2. 流动资产计价

（1）实际成本

原材料采购成本需与多家供应商进行谈判，争取最优惠的价格，并考虑采购量对价格的影响。运输成本控制时，需根据运输距离和钢材的数量选择合适的运输方式和工具。存储成本管理则需选择合适的存储场地和设备，建立库存管理系统，定期对库存进行盘点。

（2）成本计价方法

先进先出法应用时，需按照先进先出的原则领用原材料，并计算领用原材料的总成本。后进先出法（若适用）则需在某些情况下采用，如价格波动较大的原材料。

3. 无形资产计价

（1）取得成本

专利技术采购时，需组织专业的技术团队和法务团队对专利技术进行全面评估，并与专利持有人进行多轮谈判。软件采购时，则需对软件的功能和性能进行详细的需求分析，并综合考虑软件的价格、售后服务等因素。

（2）评估价值

专利技术评估时，可采用收益法、市场法等多种评估方法。软件评估时，除了考虑其功能和性能外，还需考虑软件的市场占有率、更新频率等因素，并采用成本法进行计算。

（3）摊销

按使用寿命摊销时，需将无形资产的成本在其使用寿命内进行合理分摊。按受益期限摊销时，则需根据特定项目的受益期限进行摊销。

二、折旧政策与财务影响

折旧政策的选择对企业财务有着深远的影响。在铁路建设项目中，常见的折旧方法包括平均年限法、工作量法和加速折旧法。

平均年限法将固定资产的应计折旧额均衡地分摊到预计使用寿命内，适用于使用情况较为稳定的铁路资产，如铁路线路的铁轨、桥梁等。这种方法计算简便，稳定性好，但忽略了资产实际使用情况和磨损程度的差异，缺乏灵活性。

工作量法根据实际工作量来计算折旧额，更适用于固定资产使用情况与工作量密切相关的铁路资产，如铁路货车的运输量、铁路轨道的磨损程度等。这种方法能够反映资产实际使用情况，灵活调整折旧额，但工作量的准确计算和估计较为困难，且对于一些无法量化工作量的资产不适用。

加速折旧法则在固定资产使用寿命内，前期折旧额较大，后期折旧额逐渐减少，适用于使用初期磨损较大、技术更新较快的铁路资产，如铁路机车。这种方法能够在资产使用初期快速回收成本，减少税负，并促进技术更新，但计算过程相对复杂，且前期折旧额较大会影响企业利润和财务状况的稳定性。

折旧政策对财务报表的影响主要体现在利润表、资产负债表和现金流量表上。在利润表中，折旧费用作为成本费用项目，直接影响企业利润的计算，降低毛利率，并可能影响利润分配。长期来看，随着固定资产的折旧，企业利润会逐渐减少；短期内，特别是采用加速折旧法时，企业利润会受到较大影响。

在资产负债表中，累计折旧反映资产的价值损耗，影响资产净值和资产结构。折旧费用的增加会导致资产净值减少，进而影响企业的资产质量。同时，折旧费用还可能影响企业的负债情况，使负债增加。此外，折旧费用还会增强资产的流动性，有利于企业的资金周转。

在现金流量表中，折旧费用作为非现金支出，对经营活动现金流量产生间接影响。虽然折旧并没有现金支出，但会减少企业的净利润，从而影响经营活动现金流量。折旧费用还会影响企业的投资活动，使现金流量发生变化，并可能影响现金流量的稳定性。因此，在选择折旧政策时，企业需要综合考虑资产的实际使用情况、技术更新速度以及财务报表的影响，以制定最适合自身的折旧政策。

第八章 项目风险管理与保险

第一节 施工项目风险识别与评估

一、案例分析

本案例选取某建筑央企承接的一项铁路施工项目，该项目涵盖复杂地形地貌，涉及桥梁、隧道、路基等工程建设，对沿线经济发展具有重要意义。在项目不同阶段，采用多种方法进行风险识别与评估。在前期规划阶段，通过头脑风暴法和检查表法，识别出断层带穿越、征地拆迁费用估算偏低、路基边坡失稳等风险，并据此调整设计方案和投资估算。在施工建设阶段，采用流程图法和专家调查法，识别出桩基承载力不足、架桥机操作失误、隧道施工坍塌等技术、管理和安全风险，并制定详细的施工规范和风险防控措施。在运行维护阶段，采用故障树分析法和经验反馈法，识别出轨道故障、隧道衬砌裂缝、通信信号设备老化等风险因素，并据此制订维护措施和检测计划。通过对项目全过程的风险识别，将风险因素分为自然风险、技术风险、市场风险、管理风险、法律风险和其他风险六大类，并针对各类风险制定相应的应对措施，以确保项目的顺利实施和高效运营。

二、风险评估模型与工具

（一）常用风险评估模型与工具介绍

1.贝叶斯网络法

（1）贝叶斯网络法的原理与构建

贝叶斯网络法是一种基于概率推理的图形化网络模型，它通过有向无环图来表示变量之间的依赖关系，并利用贝叶斯定理进行概率计算。在构建贝叶斯网络时，首先要确定模型中的变量，这些变量对应着项目中可能出现的风险因素或事件。以建筑央企的铁路项目为例，变量可以包括地质条件、天气状况、施工工艺、人员技能水平、设备状态等。然后，根据领域知识和专家经验，确定变量之间的因果关系，用有向边来表示。比如，地质条件可能会影响施工工艺的选择，那么就从地质条件节点指向施工工艺节点绘制一条有向边。

接下来，为每个节点分配条件概率表。条件概率表描述了在父节点取值的不同组合下，该节点取值的概率分布。例如，对于施工工艺节点，其条件概率表会说明在不同地质条件下，采用某种施工工艺的概率。这些概率值可以通过历史数据统计、专家评估等方式来确定。在铁路项目中，若已知在软土地质条件下，采用盾构法施工的概率为 0.8，采用明挖法施工的概率为 0.2，就可以将这些概率值填入相应的条件概率表中。通过这样的方式，构建出完整的贝叶斯网络，它能够直观地展示风险因素之间的相互关系以及每个因素发生的概率情况。

（2）贝叶斯网络法在建筑央企铁路项目中的适用性

对于建筑央企的铁路项目，贝叶斯网络法具有很强的适用性。铁路项目风险因素众多且相互关联，传统的风险评估方法难以全面、准确地考虑这些复杂关系。贝叶斯网络法能够很好地处理变量之间的不确定性和依赖关系，通过概率推理，可以在已知部分信息的情况下，对其他未知风险因素进行预测和评估。例如，在项目施工过程中，如果发现某段地质条件与预期不符，通过贝叶斯网络可以快速推断出这可能对施工进度、施工质量以及成本等方面产生的影响，帮助项目管理者及时调整风险管理策略。

此外，贝叶斯网络还具有学习能力。随着项目的推进，新的数据不断产生，贝叶斯网络可以利用这些新数据更新节点的概率分布，从而更加准确地反映项目风险的动态变化。在铁路项目中，当积累了更多关于某种施工工艺在不同地质条件下的实际应用数据后，贝叶斯网络能够自动更新相应节点的条件概率表，使风险评估结果更加贴近实际情况。这一特性使得贝叶斯网络法在铁路项目的全生命周期风险管理中具有重要的应用价值。

2. 层次分析法（AHP）

（1）AHP 的基本原理与步骤

层次分析法（Analytic Hierarchy Process，简称 AHP）由美国运筹学家萨蒂教授提出，是一种将复杂的多目标决策问题分解为多个层次，通过对各层次因素的两两比较，构建判断矩阵，进而确定各因素相对权重的多准则决策方法。其核心在于把决策问题按总目标、各层子目标、评价准则直至具体的备选方案的顺序，分解为不同的层次结构，通常包括目标层、准则层和方案层。在运用 AHP 时，首先需建立层次结构模型，清晰界定决策目标、涉及的准则以及可供选择的方案，明确各层次元素间的支配关系。例如，对于某建筑央企的铁路项目风险管理，目标层即为实现铁路项目风险的有效管控，保障项目顺利推进；准则层涵盖项目的各个关键风险领域，如工程技术风险、施工安全风险、项目进度风险、成本控制风险、外部环境风险等；方案层则是针对不同风险所拟定的具体应对策略，像针对技术难题采用新技术研发或引进外部专家支持，面对安全风险实施强化安全培训、增设防护设施等举措。

构建判断矩阵是 AHP 的关键步骤，由于直接确定各因素权重难度较大，通过两两比较各因素对上层因素的相对重要性，采用 1~9 标度法进行量化赋值，形成判断矩阵。例如，在评估工程技术风险与施工安全风险对项目总体风险的相对重要程度时，若专家认为工程技术风险相较施工安全风险"明显重要"，则对应赋值 5，反之施工安全风险相较于工程技术风险赋值为 1/5，以此类推，完成整个判断矩阵的构建。随后，对判断矩阵进行层次单排序，求解其最大特征根对应的特征向量，并归一化处理得到各因素在本层次相对于上一层次某因素的权重向量。为确保判断的合理性，还需进行一致性检验，计算一致性指标 CI，与平均随机一致性指标 RI 对比，得出一致性比例 CR，当 CR < 0.1 时，认为判断矩阵通过一致性检验，否则需重新调整判断矩阵，直至满足一致性要求。完成各层次单排序及一致性检验后，进行层次总排序，自上而下一步步计算各层次所有因素相对于最高层总目标的相对重要性权重，最终确定各风险因素或应对方案在整个决策体系中的权重排序，为决策提供量化依据。

（2）AHP 在铁路项目风险因素权重确定中的应用优势

在建筑央企的铁路项目中，面临着众多复杂且相互关联的风险因素，AHP 展现出独特的应用优势。铁路项目涉及线路规划、土建施工、轨道铺设、电气安装、系统调试等多个专业环节，每个环节又受地质条件、气候环境、施工工艺、人员素质、物资供应、政策法规等诸多因素影响，传统评估方法难以精准衡量各因素对项目风险的贡献程度。AHP能够将这些繁杂的因素条理化，按照不同层次进行结构化分解，使项目决策者清晰洞察各层级风险因素的内在逻辑关系。例如，在评估不同地质条件对土建施工风险的影响权重时，通过AHP将地质条件细分为软土地层、岩石地层、断层破碎带等子因素，分别与施工工艺、施工进度、工程质量等准则层因素进行两两比较，确定其相对重要性权重，进而明确在该阶段风险管理中应重点关注的地质因素，避免资源平均分配，实现精准防控。

同时，AHP充分融合专家经验与定量分析，在构建判断矩阵过程中，邀请地质专家、工程技术专家、项目管理专家等多领域专业人士参与两两比较打分，将他们的隐性知识与实践经验转化为明确的量化判断，提升风险评估的科学性与可靠性。而且，AHP得出的风险因素权重具有动态适应性，随着项目推进、外部环境变化或新信息的获取，可及时调整判断矩阵，重新计算权重，灵活反映风险状况的演变，为项目全过程动态风险管理提供有力支持，助力建筑央企在铁路项目建设中及时优化决策，有效应对各类风险挑战，保障项目按计划高质量交付。

3.模糊综合评价法

（1）模糊综合评价法的原理与流程

模糊综合评价法是一种基于模糊数学的综合评价方法，它能够将定性评价和定量评价相结合，适用于处理具有模糊性和不确定性的问题。其基本原理是利用模糊变换原理和最大隶属度原则，考虑与被评价事物相关的各个因素，对其进行综合评价。

在应用模糊综合评价法时，首先要确定评价因素集和评价等级集。对于建筑央企的铁路项目风险评估，评价因素集可以包括自然风险、技术风险、市场风险、管理风险、法律风险等多个方面，每个方面又可以进一步细分具体的风险因素。评价等级则通常划分为"低风险""较低风险""中等风险""较高风险""高风险"等几个等级。

然后，构建模糊关系矩阵。通过专家打分或其他方法，确定每个评价因素对各个评价等级的隶属度，从而形成模糊关系矩阵。例如，对于自然风险中的地震风险，专家评估其对"低风险"的隶属度为 0.1，对"较低风险"的隶属度为 0.2，对"中等风险"的隶属度为 0.4，对"较高风险"的隶属度为 0.2，对"高风险"的隶属度为 0.1，将这些隶属度值填入模糊关系矩阵的相应位置。

接着，确定各评价因素的权重。可以采用层次分析法、专家调查法等方法来确定权重，以反映各因素在综合评价中的相对重要程度。最后，进行模糊合成运算，将模糊关系矩阵与权重向量进行合成，得到综合评价结果向量。根据最大隶属度原则，确定被评价对象所属的风险等级。

（2）模糊综合评价法对铁路项目风险量化的作用

在建筑央企的铁路项目中，模糊综合评价法对风险量化起到了关键作用。铁路项目中的许多风险因素难以用精确的数值来描述，具有模糊性和不确定性，如施工人员的技术水平、项目管理的有效性等。模糊综合评价法能够很好地处理这些模糊信息，将定性的风险描述转化为定量的评价结果。

通过该方法，可以对铁路项目的整体风险水平进行量化评估，明确项目处于何种风险等级，为项目管理者提供直观的决策依据。例如，经过模糊综合评价，得出某铁路项目的风险等级为"中等风险"，管理者可以据此制定相应的风险应对措施，合理分配资源，对风险进行有效的控制和管理。同时，模糊综合评价法还可以对不同阶段、不同方面的风险进行单独评估，帮助管理者深入了解项目风险的具体情况，有针对性地采取措施降低风险。例如，在项目前期规划阶段，通过对线路规划风险的模糊综合评价，发现该风险处于"较高风险"等级，管理者可以及时调整线路规划方案，避免潜在的风险损失。

（二）案例分析：某建筑央企铁路项目风险评估实践

1. 项目概况

某建筑央企承接的一条重要铁路项目，横跨中西部多个省份，全长 2 000 千米，设计时速 250 千米，为双线电气化铁路。铁路途经区域地形地貌丰富多样，从西部的秦岭山区，到中部的黄土丘陵地带，再延伸至东部黄河中下游的广袤冲积平原。项目规划总工期 48 个月，建成后将成为连接多个经济区域的交通大动脉，有力推动沿线诸多城市的经济发展，像汉中、安康等西部城市将借此加强与中部和东部地区的经济交流与合作，极大提升区域互联互通水平。

项目沿线地质条件极为复杂，约 20 千米的路段穿越一条在地质学界广为人知的活动性断裂带。该断裂带内地下岩层破碎严重，应力分布毫无规律，为工程施工增添了巨大的不确定性。另有 15 千米的路段处于岩溶发育极为强烈的区域，地下溶洞、暗河如同迷宫般纵横交错。在实际勘探中，于某段里程区间发现多个大型溶洞，其中最大的溶洞直径达 30 米，内部空间巨大，且部分溶洞与地下暗河相连通，水流湍急，对工程建设的稳定性和安全性构成了极大挑战。

在工程类型方面，该项目规模宏大且种类繁多。桥梁工程总计 50 座，累计长度达 35 千米。其中，一座横跨黄河重要支流的特大桥，主桥采用先进的跨度 300 米斜拉桥设计。这种大跨度斜拉桥的建造，对施工精度要求近乎苛刻，每一个桥梁节段的定位误差必须控制在极小范围内，否则将严重影响桥梁整体结构的受力均衡与稳定性。隧道工程共有 30 座，总长 60 千米，其中最长的一条隧道位于秦岭山区核心地段，长度达 8 千米，该隧道在掘进过程中需要穿越多个地质断层，施工难度极大。路基工程全长 105 千米，部分路段由于地形起伏，需进行高填深挖作业。填方最高处达 30 米，要确保填方的压实度和稳定性，防止后期出现沉降；深挖路段最深达 20 米，面临着边坡支护、地下水处理等一系列难题。

项目在施工高峰期，投入施工人员多达 5 000 人，涵盖各类专业工种，如隧道掘进工、桥梁架设工、混凝土浇筑工等。同时，投入各类施工设备 1 000余台套，包括大型盾构机、塔吊、混凝土搅拌车等。项目所需建筑材料种类繁多，仅钢材就需要数十万吨，水泥用量达上百万吨，砂石料更是数以百万立方米计，这些材料的采购、运输和存储都需要精心规划和管理。此外，项目参与方众多，包括 3 家国内知名设计单位、5 家经验丰富的监理单位以及20 余家施工分包单位，各参与方之间的沟通协调、工作衔接面临着巨大挑战，管理协调难度可想而知。因此，全面、精准的风险评估成为确保项目顺利推进、按时交付的关键环节。

2. 风险识别

（1）运用头脑风暴与专家咨询识别风险因素

为全面、深入地识别该铁路项目潜在风险因素，项目组精心策划并组织了一场高规格的头脑风暴会议，邀请了来自地质、工程技术、项目管理、施工一线等不同领域的 30 位资深专家。

地质专家凭借多年积累的对该区域地质资料的深入研究，严肃指出穿越断裂带和岩溶发育区的路段存在着极其严重的地质灾害风险。以秦岭山区某隧道施工为例，由于该隧道穿越岩溶发育区，根据过往多个类似工程的实际数据统计，每千米发生小型突水突泥事件的概率约为0.3，而发生塌方的概率约为0.1。一旦发生突水突泥，大量夹杂着泥沙的水流会以迅猛的速度涌入隧道，瞬间淹没隧道内的施工设备，如盾构机、装载机等，还可能对施工人员的生命安全造成直接威胁，导致人员伤亡，严重阻碍施工进度，修复和恢复施工往往需要耗费大量的时间和资金。

工程技术人员聚焦于施工工艺难题，提出在如此复杂的地质条件下，隧道施工的盾构选型与掘进控制、高墩大跨桥梁的施工工艺都是亟待攻克的关键挑战。例如，在建造横跨黄河支流的特大桥时，主桥跨度大，对桥梁节段的定位精度要求极高。在实际施工中，若定位偏差超过5毫米，桥梁结构在后续承受荷载时就会出现受力不均的情况，这可能导致桥梁局部出现裂缝、变形，甚至危及桥梁整体的稳定性，进而不得不进行大量的返工，延误工期数月之久。

资深施工人员从现场作业的实际角度出发，着重强调施工场地狭窄、交叉作业频繁可能导致的机械碰撞、人员伤亡事故等风险。在陕南山区某施工点，由于场地被山体和河流紧紧限制，大型施工机械的回旋空间极为有限。回顾过去类似项目在此处的施工记录，每10万工时发生机械碰撞事故的频率约为2次。机械碰撞不仅会损坏设备，维修成本高昂，还可能导致现场施工人员受伤，影响施工的连续性和安全性。

项目管理人员则重点关注项目整体协调与资源配置方面的问题，明确指出物资供应中断、施工人员流动频繁、与当地居民沟通不畅引发征迁纠纷等管理问题。据统计，项目所需钢材的主要供应商在过去一年中，因上游原材料供应出现问题，导致供货延迟了3次，每次延迟时间平均为5天。而在过往类似项目中，施工人员的流动率平均每月高达5%，新老员工交替过于频繁，使得施工团队的整体熟练度和协作默契度受到影响，容易导致施工效率降低，进而影响项目的整体推进速度。

（2）风险因素分类整理

通过对头脑风暴成果的系统梳理和分析，将识别出的风险因素归类为自然环境风险、技术风险、管理风险、经济风险等主要类别。

　　自然环境风险包含地质灾害风险，如穿越断裂带、岩溶发育区引发的塌方、突水突泥，以及山区路段因暴雨、大风、暴雪等恶劣天气导致的施工中断、设备损坏、材料流失等。在豫西丘陵地区，每年因暴雨引发的山洪灾害平均发生2次。暴雨过后，山洪携带大量泥沙和石块，可能瞬间冲毁临时搭建的施工便道，使得施工车辆无法通行，严重影响材料运输；同时，还可能冲垮部分材料堆放场地，导致钢材、水泥等建筑材料被掩埋或浸泡，造成经济损失。技术风险涵盖施工技术难题，像复杂地质条件下隧道的盾构选型与掘进控制、高墩大跨桥梁的施工工艺，还有新技术应用风险，若引入未经充分验证的新型施工技术，可能因技术不成熟出现质量问题、延误工期。例如，在某隧道施工中，原计划采用一种新型的隧道支护技术，但在试验段施工时，发现支护结构的强度和稳定性未达到预期设计标准，导致该试验段的施工进度延缓了1个月，还需要重新调整支护方案并进行加固处理。

　　管理风险涉及物资供应管理，如供应商信用不佳、运输受阻致材料供应不及时，施工人员管理中人员技能不足、流动频繁影响施工连续性，以及沟通协调风险，项目参与方众多、信息传递不畅造成工作衔接失误、决策延误。在以往项目中，通过对工程质量问题的深入分析发现，因施工人员技能不足导致的工程质量问题占质量问题总数的30%。经济风险包含成本超支风险，原材料价格波动、人工成本上涨、设计变更引发工程量增加，致使项目成本失控，还有资金周转风险，工程款拨付延迟、融资困难使项目资金链断裂，威胁项目正常运转。据市场调研机构提供的数据，过去一年中钢材价格波动幅度最高达20%，这对项目的钢材采购成本造成了重大影响，若不能有效应对，可能导致项目整体成本大幅增加。

3. 基于故障树分析法的风险评估

（1）故障树构建

　　以"铁路项目施工延误"为顶事件，构建故障树。中间事件包括"自然环境问题""技术难题""管理不善""经济问题"等。

　　在"自然环境问题"分支下，底事件有"地质灾害（塌方、突水突泥等）""恶劣天气（暴雨、大风、暴雪等）"。例如，在K70~K80千米的隧道施工区间，该地段处于岩溶发育区且靠近断裂带，地质条件极为复杂。若发生塌方，大量的岩土体瞬间坍塌，将完全堵塞隧道，导致隧道施工被迫中断，进而引发整个项目施工的延误。在"技术难题"分支下，底事件有"施工技术方案不合理""新技术应用失败""施工工艺操作失误"等。以某桥梁施工为例，在混凝土浇筑过程中，若施工人员振捣不密实，导致混凝土内部出现大量空洞和缝隙，这将严重影响桥梁结构的强度和耐久性，后续不得不进行返工处理，从而延误施工进度。

在"管理不善"分支下，底事件包括"物资供应中断""施工人员管理不当""沟通协调不畅"等。若物资供应中断，如在某关键施工阶段，水泥供应突然中断7天，施工现场将因缺少关键材料而不得不停工待料，不仅施工人员闲置造成人工成本浪费，还会延误整个施工计划的关键节点。在"经济问题"分支下，底事件有"成本超支""资金周转困难"等。若成本超支，导致项目资金不足，无法按时采购足够的材料和支付设备租赁费用，施工将无法正常进行，进而影响施工进度。

（2）故障树定性分析

通过对故障树的定性分析，确定最小割集。最小割集是指能够导致顶事件发生的最低限度的底事件组合。例如，地质灾害、施工技术方案不合理、物资供应中断、资金周转困难等都是可能导致"铁路项目施工延误"的最小割集。通过分析最小割集，明确了引发项目施工延误的多种潜在途径，为风险防控提供了重点方向。这意味着只要阻断所有最小割集中至少一个基本事件，就可切断所有导致施工延误的潜在路径。

（3）故障树定量分析

收集各底事件的发生概率数据。例如，根据历史数据和专家评估，"地质灾害"发生概率为0.05，"施工技术方案不合理"发生概率为0.03，"物资供应中断"发生概率为0.08等。通过故障树的逻辑关系，运用专业的概率计算方法，计算顶事件"铁路项目施工延误"的发生概率。经计算，该铁路项目施工延误的概率为0.15。这一结果直观地反映了项目面临施工延误风险的可能性大小，为项目决策提供了重要依据。项目团队可以根据这一概率，合理安排资源，制定相应的风险应对措施，以降低施工延误的风险。

4. 运用模糊综合评价法确定风险等级

（1）确定评价因素集和评价等级集

评价因素集为自然环境风险、技术风险、管理风险、经济风险。评价等级集划分为"低风险""较低风险""中等风险""较高风险""高风险",分别对应分值（1，2，3，4，5）。

（2）构建模糊关系矩阵

组织 20 位来自不同领域的专家对每个评价因素对各个评价等级的隶属度进行打分。这些专家涵盖地质专家、工程技术专家、项目管理专家以及经济领域专家等。例如，对于自然环境风险，专家们经过深入讨论和分析，综合考虑项目沿线复杂的地质条件和多变的气候因素，评估其对"低风险"的隶属度为 0.1，对"较低风险"的隶属度为 0.2，对"中等风险"的隶属度为 0.3，对"较高风险"的隶属度为 0.3，对"高风险"的隶属度为 0.1。

（3）确定各评价因素的权重

采用层次分析法确定各评价因素的权重。通过构建判断矩阵，让专家对不同评价因素之间的相对重要性进行两两比较打分。例如，在比较自然环境风险和技术风险时，考虑到项目沿线复杂的地质条件对工程施工的直接影响以及技术难题解决的难度，专家们认为自然环境风险相对更为重要。经过一系列严谨的计算和分析，最终得出自然环境风险权重（W1=0.3），技术风险权重（W2=0.25），管理风险权重（W3=0.25），经济风险权重（W4=0.2）。

（4）进行模糊合成运算

将模糊关系矩阵（R）与权重向量 [W=（0.3，0.25，0.25，0.2）] 进行模糊合成运算，得到综合评价结果向量，根据最大隶属度原则，该铁路项目风险等级为"中等风险"，对应分值为 3。这表明项目整体风险处于可控状态，但仍须密切关注各类风险因素，采取相应的风险应对措施，以确保项目顺利推进。

第二节　风险管理策略与财务对策

一、风险应对策略

在铁路及公路施工项目中，某建筑央企针对不同类型的风险采取了多样化的应对策略。对于高风险项目，企业选择放弃，如某铁路支线项目因地质条件极度复杂、成本超支严重且施工周期长，企业经过审慎权衡后决定放弃，规避了潜在损失。对于可调整的项目，企业通过优化方案来减轻风险，如调整高速公路项目路线以避开生态保护区，采用 GIS 技术重新选线，成功保护生态环境并推进项目。

在技术风险方面，企业采取优化设计方案和加强施工管理的策略。例如，在某高铁项目中，优化桥梁结构，采用新型钢混组合结构，减轻自重并缩短施工周期，节约工程成本。在铁路隧道项目中，建立全方位监控量测体系，加强人员培训，降低塌方事故发生率，保障施工安全。

为减轻市场风险，企业实施多元化经营战略，稳固传统施工业务的同时，拓展公路养护、运营管理等上下游业务，分散风险，提升抗风险能力。

对于可转移的风险，企业通过购买保险和签订合同来转移。在铁路项目中，购买建筑工程一切险及第三者责任险，有效应对自然灾害和意外事故，减轻经济负担。在高速公路项目中，通过分包合同明确风险分担条款，将部分质量、工期风险转移给分包商。

对于可接受的风险，企业应制订应急计划和风险监控与预警系统。在小型铁路车站项目中，针对设备故障风险制订应急计划，确保车站运营不受影响。在高速公路项目中，构建信息化风险监控与预警系统，实时监测路面、交通流量、设施设备状态，通过预警机制提前应对潜在风险，保障高速公路安全畅通运营。这些策略的综合运用，确保了项目的高效、安全推进。

二、财务对策与风险储备

（一）风险储备金设立

1. 确定储备金规模

对于某建筑央企承接的复杂山区铁路项目，在项目筹备初期，依据风险评估结果精细确定风险储备金规模。该项目线路全长 300 千米，穿越多座高山峻岭，地质条件极为复杂，断层、岩溶、滑坡等不良地质频发，桥隧比高达 70%。通过对历史同类项目数据的深入挖掘、专家经验判断以及蒙特卡罗模拟等方法，综合考量地质风险、技术难度、物价波动、工期不确定性等因素，预估项目可能面临的额外成本支出。经测算，因地质条件引发的工程变更费用预计平均每千米增加 500 万元；材料价格受市场供需及运输困难影响，波动幅度可能达到 15%；恶劣天气及施工技术难题导致的工期延误，将使人工、设备租赁等成本每月增加 800 万元。基于这些潜在风险损失的量化分析，结合项目总预算 200 亿元，确定预留风险储备金规模为 12 亿元，占项目预算的 6%，以充分应对项目实施过程中的不确定性。

2. 储备金来源

该建筑央企的风险储备金来源呈现多元化特征。一方面，从项目预算中专门预留一部分资金作为风险储备，在项目立项申报时，将基于风险评估确定的储备金额度纳入预算编制，这部分预留资金约占储备金总额的 40%，即 4.8 亿元，确保项目实施过程中有初始资金应对突发风险。另一方面，企业自有资金是重要支撑，企业依据年度盈利状况、资金流动性等因素，从历年积累的留存收益中划拨出一定比例充实储备金，本项目中企业投入自有资金 5 亿元，占储备金的 42% 左右，以增强企业层面应对项目风险的财务韧性。此外，利润分配中的专项储备也是关键来源之一，按照企业内部制定的风险储备金计提政策，从项目利润中提取一定比例资金，在本项目中计提约 2.2 亿元，占储备金的 18%，用于长期风险应对与项目群风险统筹，通过多渠道保障风险储备金的充足供应，为项目顺利推进保驾护航。

（二）应急资金使用管理

1. 使用范围与审批流程

在铁路项目中，应急资金主要用于应对突发的自然灾害、设备故障、安全事故等紧急情况。例如，当遭遇暴雨洪涝灾害时，导致铁路路基冲毁、轨道变形，应急资金可立即用于组织抢险救灾，包括调配大型机械设备进行土石方清理，修复路基与轨道结构，购置抢险物资如沙袋、石料等。在设备故障方面，若机车关键部件突发故障影响运行，应急资金用于紧急采购备用部件、聘请专业技术人员进行抢修，确保铁路运输尽快恢复正常。对于安全事故，如施工现场发生坍塌事故造成人员伤亡，应急资金用于伤员救治、事故现场清理、安全隐患排查与整改等。

应急资金的审批流程遵循严格且高效的层级管理。当紧急情况发生后，现场负责人第一时间对事件的性质、严重程度、所需资金规模进行初步评估，并向项目经理提交应急资金使用申请报告，报告中需详细阐述事件缘由、现状分析、拟采取的应对措施以及资金预算明细。项目经理收到报告后，立即组织技术、安全、财务等相关部门负责人进行紧急会商，对申请事项的合理性、必要性以及资金估算的准确性进行复核。若申请金额在项目经理的授权范围内，经项目经理签批后即可启动资金拨付流程；若超出授权额度，则须上报至公司总部，由公司分管领导组织专家团队进一步评审，依据评审意见，最终由公司总经理审批通过后，财务部门方能按照审批金额与指定用途，以最快速度将应急资金拨付至项目现场，确保应急处置工作及时、有序开展。

2. 资金核算与补充

以某高速公路项目为例，在应急资金使用后，财务部门迅速开展核算工作。首先，对资金支出的每一笔款项进行详细记录，按照抢险救灾、设备抢修、人员补偿等不同用途分类归集费用，建立专项账目。例如，在一次因山体滑坡导致的道路阻断抢险过程中，记录抢险设备租赁费用、抢险人员加班补贴、临时交通疏导设备购置费用等各项支出明细。同时，收集与资金使用相关的合同、发票、收据、人员出勤记录等原始凭证，作为核算依据，确保账目清晰、准确、合规。

项目结束或阶段性任务完成后，及时组织内部审计。审计部门对照应急资金使用计划、审批文件以及财务账目，审查资金使用是否严格遵循既定用途，有无超范围、超标准支出，审批流程是否完备，款项支付是否规范等。如发现问题，立即追究责任，要求整改。

针对已使用的应急资金，根据资金来源渠道进行补充。若是从项目预算预留资金中支出的部分，结合项目后续实施过程中的风险变化以及成本控制情况，在确保不影响项目正常推进的前提下，从后续月度或季度预算中逐步调剂资金进行回补；若动用了企业自有资金，企业在年度资金规划中，依据整体盈利状况、现金流状况以及风险储备需求，安排专项资金进行补充，确保风险储备金的规模恢复到合理水平，以应对未来可能出现的突发风险事件，维持项目及企业的财务稳健性。

第三节　保险规划在项目财务中的作用

一、保险种类选择的依据与原则

（一）依据施工项目特点

1.铁路项目的独特风险

铁路项目由于其自身特性，面临着诸多特殊风险。以青藏铁路为例，作为世界上海拔最高、线路最长的高原铁路，它穿越了高寒缺氧的青藏高原，面临着极端恶劣的自然环境。在建设过程中，施工人员需应对低氧环境带来的身体不适，以及冻土、高寒等地质条件对工程结构稳定性的挑战。此外，青藏铁路沿线生态系统脆弱，施工过程中的环境保护至关重要，一旦发生生态破坏，不仅会面临高额的修复成本，还可能引发社会舆论压力。因此，针对此类铁路项目，在保险选择上，除了必备的建筑工程一切险以保障工程建设中的自然灾害和意外事故风险外，还需特别考虑因生态保护要求而可能产生的额外费用风险，以及施工人员在特殊环境下的健康保障，如雇主责任险中增加高原疾病保障条款等。

2.高速公路项目的风险特性

高速公路项目同样具有鲜明的风险特征。以连霍高速为例，其路线漫长，横跨多个地区，不同路段的地形、气候条件差异显著。在山区路段，可能面临山体滑坡、泥石流等地质灾害风险；在平原地区，又可能受到暴雨洪涝的威胁。而且，高速公路施工往往与既有交通相互干扰，施工区域车流量大，增加了施工安全风险，如交通事故导致的工程延误、第三方人员伤亡和财产损失等。此外，高速公路建设涉及大量原材料和设备的运输，运输路线长，货物在途中遭遇损坏、丢失的风险较高。基于这些特点，在保险规划时，建筑工程一切险需充分涵盖不同地形地貌下的自然灾害风险，第三者责任险要着重考虑因交通干扰引发的第三方风险，同时货物运输险对于保障原材料和设备的安全供应至关重要。

（二）遵循风险评估结果

1. 风险识别与量化方法

在项目风险评估中，科学准确地识别与量化风险是关键步骤。某建筑央企在承接川藏铁路某标段项目时，运用了多种方法进行风险识别与量化。首先，通过头脑风暴法，组织项目经验丰富的工程师、地质专家、安全管理人员等齐聚一堂，共同探讨可能面临的风险。在讨论过程中，有人结合川藏地区的地质特点，提出了山体滑坡、地震等地质灾害风险；有人考虑到施工人员的高原作业环境，提及了高原反应引发的健康风险以及由此导致的施工效率降低风险等。

同时，流程图法也发挥了重要作用。以施工流程为主线，从原材料采购、运输，到基础工程施工、桥梁架设、轨道铺设等各个环节，详细梳理潜在风险。例如，在原材料运输环节，发现由于川藏地区山路崎岖、路况复杂，运输车辆可能面临爆胎、侧翻等交通事故风险，进而导致原材料供应延误；在基础工程施工阶段，依据流程图分析出地下水位变化、冻土融化等地质条件改变可能对基础稳定性造成影响。

检查表法则为风险识别提供了标准化工具。参考过往类似铁路项目的风险清单，结合川藏铁路的特殊情况，制定了涵盖自然环境、施工工艺、人员管理、设备设施等多个维度的检查表。在检查自然环境风险时，对照检查表逐一核实，发现川藏地区强风、暴雪等极端气象条件未被充分重视，及时将其纳入风险范畴。

对于识别出的风险，采用概率影响矩阵进行初步量化。将风险发生的概率分为高、中、低三个等级，影响程度也分为重大、较大、一般三个级别。如地震风险，鉴于川藏地区处于板块活跃地带，发生概率评定为高，一旦发生，对工程进度、人员安全、工程结构等方面的影响程度为重大，在矩阵中处于高风险区域。而对于施工现场小型工具被盗风险，发生概率相对较低，影响程度一般，处于低风险区域。

此外，蒙特卡罗模拟技术进一步深化了风险量化。以工程进度风险为例，输入不同工序的持续时间、资源投入、可能遇到的干扰因素（如恶劣天气延误天数的概率分布、地质条件变化导致返工的概率等参数），经过多次模拟运算，得出工程完工时间的概率分布。结果显示，在90%的置信水平下，项目有一定概率超出原计划工期，为后续制定风险应对措施和保险规划提供了精确的数据支持。

2. 依据评估选险的必要性

依据风险评估结果选择保险种类至关重要。以某铁路项目为例，在项目前期风险评估时，由于对当地复杂的地质条件认识不足，仅投保了常规额度的建筑工程一切险。在施工过程中，遭遇了罕见的大规模山体滑坡灾害，导致大量已完成的路基工程损毁、施工设备被掩埋，同时造成附近居民房屋受损，引发第三方索赔。由于投保时未充分考虑此类高烈度地质灾害风险，保险赔付额度远不足以覆盖损失，项目不得不动用大量应急资金进行修复，不仅延误了工期，还使项目成本大幅增加。

相反，若能依据精准的风险评估选险，情况则大不相同。如某高速公路项目，在详细评估沿线地质、气象、交通等风险后，发现部分路段位于地震活跃带且雨季降水集中，可能面临地震、洪涝等灾害威胁，同时施工区域与既有道路交叉频繁，易引发第三方交通事故。基于此，项目方针对性地选择了高额建筑工程一切险，涵盖地震、洪水等特殊灾害条款；购置足额第三者责任险，以应对可能的第三方索赔；还为施工人员配备了包含突发疾病救援条款的雇主责任险。在项目实施过程中，虽遭遇多次强降雨引发的小型洪涝灾害和几起轻微交通事故，但由于保险配置合理，保险公司及时赔付，项目得以迅速恢复施工，有效保障了项目的顺利推进，将损失降到最低限度。

二、常见保险种类在项目中的适用性分析

（一）建筑工程一切险

1. 保险责任范围

建筑工程一切险是项目保险体系中的核心险种之一，其保险责任范围广泛。以宜万铁路建设为例，该铁路穿越崇山峻岭，地质条件极为复杂，面临诸多风险挑战。在建设过程中，建筑工程一切险发挥了关键保障作用，其涵盖的自然灾害风险包括地震、山体滑坡、泥石流等。当遇到地震时，对已建成的隧道、桥梁、路基等工程结构造成损坏，保险公司依据保险合同承担相

应的修复或重建费用；山体滑坡、泥石流可能掩埋施工场地、冲毁临时建筑及施工设备，保险责任同样覆盖此类损失。

对于意外事故，如施工过程中的爆炸、火灾等情况，无论是因施工操作不当引发，还是由于外部不可预见因素导致，保险公司负责赔偿由此造成的工程物质损失。此外，第三者责任也是该险种的重要组成部分。若在施工期间，因工程活动导致附近居民房屋受损、道路塌陷，造成第三方人员伤亡或财产损失，保险公司将在约定的赔偿限额内，对第三者进行赔付，有效化解了施工方与第三方之间可能产生的矛盾纠纷，确保项目建设外部环境的相对稳定。

2. 在项目中的实际保障效果

在川藏铁路某路段的建设中，建筑工程一切险展现出显著的保障效果。该路段处于高海拔山区，地质活动频繁，生态环境脆弱。在一个雨季，连续的强降雨引发了大规模山体滑坡，大量土石方倾泻而下，掩埋了部分已铺设的铁轨、正在建设的桥梁基础以及施工营地，同时造成周边河流堵塞，形成次生灾害隐患。

得益于前期投保的建筑工程一切险，保险公司在接到报案后迅速启动理赔程序。专业的理赔团队赶赴现场，与项目方、地质专家等共同进行查勘定损。经核算，保险公司赔付了巨额资金用于清理山体滑坡土石方、修复受损铁轨与桥梁基础、重建施工营地，确保了工程能够在最短时间内恢复施工。同时，针对河流堵塞可能引发的洪水泛滥风险，保险赔偿还涵盖了疏通河道、加固河岸等预防性抢险费用，避免了次生灾害的进一步扩大，保障了项目整体进度不受致命冲击，维护了沿线生态环境的稳定，充分体现了建筑工程一切险在应对复杂地质条件下铁路项目建设风险的强大保障能力。

（二）安装工程一切险

1. 适用场景与保障内容

安装工程一切险主要适用于各类设备的安装工程，在铁路、高速公路等项目建设中发挥着关键保障作用。以高铁建设项目为例，其中涉及大量复杂的信号系统、供电系统、通信设备等的安装调试工作。在高铁信号系统的安装过程中，由于设备精密、安装技术要求高，面临诸多风险。如在信号基站的设备安装时，可能因施工现场的电气故障引发火灾，导致已安装的昂贵信号设备损毁；或者在调试阶段，因软件兼容性问题造成系统故障，致使设备损坏，这些均属于安装工程一切险的物质损失保障范畴。

同时，若因信号系统安装失误，致使高铁列车在试运行期间出现信号误判，与相邻轨道上的工程车辆发生碰撞，造成第三方车辆损坏及人员伤亡，安装工程一切险的第三者责任部分将承担相应赔偿责任，确保项目免受因设备安装环节引发的各类直接经济损失和第三方索赔困扰，保障项目的顺利推进与周边安全环境的稳定。

2. 与建筑工程一切险的衔接

在大型铁路综合项目，如高铁站的建设中，安装工程一切险与建筑工程一切险相辅相成。高铁站的建设既包含站房、站台等建筑工程部分，又涉及大量机电设备、电梯、智能安检系统等的安装工程。建筑工程一切险侧重于保障站房主体结构施工过程中的自然灾害、意外事故导致的建筑主体损坏风险，例如在站房基础施工时遭遇地震，造成地基塌陷、墙体开裂等损失由其负责赔偿。

而安装工程一切险则聚焦于设备安装调试阶段的风险，如电梯安装过程中轿厢坠落、智能安检系统因线路短路烧毁核心部件等。两者在保障范围上有着明确的划分，避免重复投保。在实际操作中，以某高铁站建设项目为例，项目前期规划阶段，业主方、施工单位与保险公司协商，依据施工进度计划，精准界定建筑工程与安装工程的交接节点。对于建筑工程完工验收合格并移交给安装单位后的设备安装阶段，由安装工程一切险承接保障责任；此前建筑主体施工期间则由建筑工程一切险覆盖风险，确保整个项目生命周期从土建施工到设备调试运营各环节均有完善的保险保障，有效填补风险保障空白，提升项目整体抗风险能力。

（三）第三者责任险

1. 对第三方风险的防范作用

第三者责任险在项目施工中起着至关重要的作用，尤其是对于防范因施工活动导致第三方人身伤亡或财产损失的风险。以京台高速某路段施工为例，在施工过程中，由于工程车辆在运输建筑材料时发生侧翻，车上的石料滚落至周边农田，不仅压坏了农作物，还导致农田土壤受到污染，影响了农作物的后续生长。同时，施工区域附近的居民在路过时，因道路临时改道标识不清晰，不慎摔倒受伤。

幸好项目前期投保了足额的第三者责任险，保险公司依据保险合同，对受损农田的农户进行了赔偿，包括农作物的损失评估费用、土壤修复费用以及预计的农作物减产损失等；对于受伤居民，承担了其医疗费用、误工补贴等合理费用。这有效避免了施工方与第三方之间可能产生的纠纷升级，确保了项目施工能够在相对和谐的外部环境下继续推进，充分彰显了第三者责任险在保障第三方权益、维护项目社会稳定方面的关键作用。

2. 保额确定的考量因素

确定第三者责任险的保额需要综合考量多方面因素。对于城市周边的高速公路项目，如北京大兴国际机场高速项目，由于地处人口密集区域，周边居民小区、商业设施众多，施工过程中一旦发生意外事故，波及范围广，潜在的赔偿风险极高。考虑到人口密度等因素，一旦出现如建筑物倒塌、扬尘污染等事故，可能影响大量居民的正常生活，甚至危及人身安全，因此保额需相应提高。

同时，施工工艺复杂程度也是关键考量因素。若项目涉及大型高架桥建设、隧道挖掘等复杂施工环节，施工风险相对较高。例如在高架桥施工时，可能因高空坠物对桥下过往车辆、行人造成伤害；隧道挖掘过程中，若出现涌水、塌方等事故，可能对周边地下管线、建筑物基础产生破坏，引发第三方索赔。此外，工期长短也不容忽视。工期越长，面临的不确定风险因素越多，如长期的施工噪声、粉尘污染等可能引发周边居民不满，要求赔偿。基于这些因素，在该机场高速项目中，经过专业风险评估，结合类似项目的事故赔偿案例，最终确定了较高的第三者责任险保额，以充分应对可能出现的第三方索赔风险，确保项目的顺利实施与周边环境的和谐稳定。

（四）雇主责任险

1. 保障员工权益的重要性

在某铁路隧道施工项目中，雇主责任险发挥了至关重要的保障作用。隧道施工属于高风险作业，面临着塌方、瓦斯泄漏、岩爆等诸多危险。在该项目施工期间，一名工人在进行隧道衬砌作业时，因上方突然掉落一块巨石，躲避不及，腿部遭受重伤。得益于雇主责任险，保险公司迅速介入，承担了该工人的高额医疗费用，包括手术费、住院费、药品费等，确保工人能够得到及时有效的救治。在后续康复阶段，还依据保险条款，赔付了工人因误工产生的收入损失，使其在养伤期间家庭经济不至于陷入困境。

此外，长期在隧道内作业，粉尘污染严重，部分工人患上了尘肺病等职业病。雇主责任险同样涵盖了职业病赔偿责任，为患病工人提供了持续的医疗费用支持和一定的生活补贴，体现了企业对员工的关怀与责任，极大地稳定了员工队伍，让他们能够安心投入到艰苦的隧道施工工作中。

2. 与工伤保险的协同关系

雇主责任险与工伤保险相辅相成，共同为员工构建起全面的保障网络。以某建筑央企的高速公路项目为例，项目施工过程中，一名工人在操作起重机吊运建筑材料时，因设备故障，重物坠落砸伤了工人腰部，导致腰椎骨折。事故发生后，工伤保险按照既定流程先行启动赔付，承担了工人的紧急救治费用、部分康复费用以及一定期限的工伤津贴，为工人的基本医疗和生活保障提供了第一道防线。

然而，由于该工人伤势较重，后续需要长期的康复治疗，且康复期间无法正常工作，家庭经济负担沉重。此时，雇主责任险发挥了补充作用，依据保险合同，对工伤保险赔付后的剩余医疗费用进行了兜底报销，还额外赔付了工人因康复期延长导致的收入损失差额，以及家属在照顾期间的误工费用等，全方位提升了对受伤工人及其家庭的保障力度，充分展现了二者协同保障员工权益的优势。

（五）货物运输险

1. 保障运输环节安全

在京藏高速的建设过程中，货物运输险发挥了不可或缺的作用。京藏高速作为连接北京与西藏的重要交通干线，其建设所需的原材料和设备种类繁多、来源广泛，运输路线漫长且复杂，途经多种地形和气候条件各异的区域。大量的钢材从北方的钢铁厂运往施工现场，这些钢材是构建桥梁、隧道支撑结构的关键材料；同时，产自南方的特殊防水材料以及精密的机电设备，也需长途跋涉运往工地。

在运输途中，货物面临诸多风险。有一批从山区运往工地的水泥，由于山区道路崎岖，运输车辆在行驶过程中遭遇突发山体滑坡，道路被掩埋，车辆被困，部分水泥包装袋破损，水泥散落一地，遭受雨淋后硬化结块，无法正常使用；还有一次，运输精密测量仪器的车辆在经过一段颠簸路面时，因减震装置故障，仪器受到剧烈振动，内部精密部件损坏，严重影响了工程的测量进度。幸好项目前期投保了货物运输险，保险公司依据保险合同，对受损的水泥和测量仪器进行了定损赔偿，为项目方及时补充了合格的原材料和设备，确保了工程建设的顺利推进，有效避免了因运输环节货物受损而导致的工程延误和成本增加。

2. 保险条款的关键要点

货物运输险的保险条款包含诸多关键要点，这些要点在实际操作中对保障项目各方权益起着决定性作用。以某建筑央企的高速公路项目为例，在保险合同中明确规定了起运地和目的地，这限定了保险责任的起止范围。起运地通常为原材料或设备的发货仓库，目的地则是项目施工现场指定的接收地点，一旦运输车辆偏离预定路线或在非约定地点发生事故，保险公司将依据条款严格审核是否承担赔偿责任。

运输工具的种类和状况也是重要考量因素。对于大型机械设备的运输，若采用普通载重卡车，可能因承载能力不足或缺乏专业固定装置，在运输过程中导致设备滑落、碰撞损坏，保险公司可能以运输工具不符合要求为由拒绝理赔；而若选用专业的大件运输车辆，并配备相应的紧固、缓冲设备，符合保险合同约定，在发生意外时则更易获得赔付。

保险费率的确定依据运输货物的种类、价值、运输距离、运输方式以及风险评估结果等综合因素。高价值、易损坏的精密仪器运输保险费率相对较高；运输路线经过地震频发区、洪涝灾害高发区等风险较高地段，保险费率也会相应上浮。

理赔条件方面，要求投保人在事故发生后必须在规定时间内，如 24 小时内通知保险公司，并提供详细的事故证明材料，包括运输合同、运单、事故现场照片、交警或相关部门出具的事故认定书等。若因投保人通知延迟或材料提供不全，导致保险公司无法及时准确定损，可能影响赔付进度甚至引发理赔纠纷。这些关键条款要点相互关联，共同构建起货物运输险的保障体系，为项目建设中的货物运输安全保驾护航。

第九章　税务规划与合规性管理

第一节　施工项目税务规划的基本原则

在施工项目的税务规划中，遵循合法性原则、前瞻性原则和成本效益原则是确保税务合规、优化税负、提升项目经济效益的重要保障。合法性原则要求税务规划必须严格遵守国家税收法律法规和政策规定，确保企业依法纳税，避免引发税务风险。前瞻性原则强调税务规划应具有预见性和长远性，结合项目全过程因素提前制定税务策略，以适应税收政策变化和项目发展需求。成本效益原则要求税务规划过程中权衡成本与效益的关系，选择最优方案，确保税务规划所带来的效益能够覆盖其成本，同时避免过度追求税务筹划而忽视其他成本和风险。

第二节　税务合规性检查与风险防范

一、税务合规检查要点

（一）纳税申报准确性检查

1. 营业收入核对

依据《中华人民共和国税收征收管理法》（以下简称《税收征收管理法》）及其实施细则，建筑央企的营业收入准确申报是其履行纳税义务的关键。对于铁路项目这类大型工程，需以签订的建筑合同为根本依据，紧密结合项目的计量支付证书、工程进度报告等资料，确保申报的收入与实际工程进度精准匹配。例如，某建筑央企承接的铁路项目，合同总金额达 50 亿元，合同明确约定按照工程进度的 80% 进行中期计量支付。在纳税申报环节，企业必须严格依据经监理和业主双方确认的计量支付证书，仔细核对申报的营业收入是否与证书上的金额完全一致。若企业因主观疏忽或故意行为少报营业收入，如仅申报了合同金额的 60% 对应的收入，根据《税收征收管理法》第六十三条，这种行为属于偷税，除需补缴少缴的增值税、企业所得税等税款外，还将按日加收滞纳税款万分之五的滞纳金，同时面临不缴或者少缴税款百分之五十以上五倍以下的罚款。此外，若企业延迟申报收入，违反了《税收征收管理法》第二十五条规定的纳税申报期限，影响了税款的所属期，同样会引发税务风险。

2. 成本费用审查

根据《中华人民共和国企业所得税法》及其实施条例，成本费用的审查是纳税申报准确性检查的核心环节。建筑央企应凭借财务账目、记账凭证、费用报销单据等原始资料，对各项成本费用展开细致入微的审查。一方面，要坚决防止企业虚增成本。例如，在某高速公路项目中，若企业为降低应纳税所得额，虚构部分材料采购发票，将不存在的材料采购支出列入成本，这种行为严重违反《税收征收管理法》第六十三条关于偷税的规定。经税务机关查实，企业不仅要补缴税款、滞纳金，还可能面临高达少缴税款五倍的罚款。另一方面，需重点关注成本费用的列支是否符合相关规定，是否存在将应资本化的支出转变为一次性费用化的错误操作。如大型机械设备的购置支出，依据《企业会计准则第 4 号 —— 固定资产》，应按照规定通过折旧方式分期计入成本。若企业在购置当期全额列支，将导致成本核算严重失真，影响纳税申报的真实性与准确性。

3. 税金计算核实

建筑央企必须依据国家税收法律法规，准确计算增值税、企业所得税、印花税等各项税金。以增值税为例，根据《财政部 国家税务总局关于全面开营业税改征增值税试点的通知》（财税〔2016〕36 号），一般纳税人提供建筑服务，适用一般计税方法的，应按照销项税额减去进项税额的差额缴纳增值税。某建筑央企项目在计算增值税时，若财务人员对进项税额的抵扣范围理解有误，将用于职工福利的购进货物对应的进项税额进行了抵扣，这违反了财税〔2016〕36 号文件中关于不得从销项税额中抵扣进项税额的规定。经税务稽查，企业不仅要补缴少缴的税款，还可能面临罚款以及纳税信用等级下降的风险。在企业所得税计算方面，要严格确保应纳税所得额的计算准确无误，扣除项目完全符合《中华人民共和国企业所得税法》及其实施条例的规定，避免因计算错误导致税款缴纳不足或多缴。

（二）发票管理合规性审查

1. 发票开具规范

发票开具必须严格遵循《中华人民共和国发票管理办法》（以下简称《发票管理办法》）及其实施细则的规定。以建筑服务发票为例，根据国家税务总局公告 2016 年第 23 号规定，纳税人自行开具或者税务机关代开增值税发票时，应在发票的备注栏注明建筑服务发生地县（市、区）名称及项目名称。某建筑央企的高速公路项目，在开具建筑服务发票时，若未按要求填写备注栏信息，导致发票信息不完整，根据《发票管理办法》第二十一条规定，不符合规定的发票，不得作为财务报销凭证，任何单位和个人有权拒收。这不仅会使购买方无法准确进行税务处理，该发票也可能被税务机关认定为不合规发票，进而影响企业的增值税抵扣、企业所得税税前扣除等事项。同时，发票的开具内容应与实际交易相符，严禁虚开、代开。若企业为了增加进项税额抵扣，虚构建筑材料采购业务开具发票，根据《中华人民共和国刑法》第二百零五条规定，虚开增值税专用发票或者虚开用于骗取出口退税、抵扣税款的其他发票的，处三年以下有期徒刑或者拘役，并处二万元以上二十万元以下罚金；虚开的税款数额巨大或者有其他严重情节的，处三年以上十年以下有期徒刑，并处五万元以上五十万元以下罚金；虚开的税款数额特别巨大或者有其他特别严重情节的，处十年以上有期徒刑或者无期徒刑，并处五万元以上五十万元以下罚金或者没收财产。

2. 发票取得审核

企业在取得发票时，务必依据《发票管理办法》及其实施细则，对发票的真实性、合法性进行严格审核。一方面，要通过国家税务总局全国增值税发票查验平台等官方渠道，对发票的真伪进行查验，确保发票信息准确无误。

某建筑央企在采购钢材时，取得了一张看似正常的增值税专用发票，但在税务人员核查时，发现该发票通过非法途径伪造，企业因未能识别而进行了进项税额抵扣，根据《发票管理办法》第三十九条规定，知道或者应当知道是私自印制、伪造、变造、非法取得或者废止的发票而受让、开具、存放、携带、邮寄、运输的，由税务机关处 1 万元以上 5 万元以下的罚款；情节严重的，处 5 万元以上 50 万元以下的罚款；有违法所得的予以没收。另一方面，要审核发票的开具内容是否与实际业务一致，包括货物或服务的名称、规格、数量、单价等。如企业实际采购的是普通水泥，而取得的发票上却开具为特种水泥，这种发票与业务不符的情况，依据《企业所得税税前扣除凭证管理办法》（国家税务总局公告 2018 年第 28 号），不能作为合法有效的税前扣除凭证，企业应及时要求开票方重新开具合规发票。

3. 发票保管使用监督

企业应按照《发票管理办法》及其实施细则的规定妥善保管发票，建立发票使用登记制度，设置发票登记簿，并定期对发票进行盘点。发票的保管期限应符合法律法规要求，根据《会计档案管理办法》第十四条规定，一般增值税专用发票的保管期限为 30 年。在某铁路项目施工过程中，由于项目管理人员疏忽，导致部分发票遗失，虽经多方努力补救，但仍给企业带来了麻烦，如在办理税务申报、成本核算时，因无法提供完整发票凭证，部分成本费用无法正常税前扣除，增加了企业的税负。此外，发票的使用应遵循"谁领用、谁负责"的原则，严禁转借、转让、代开发票，确保发票使用的规范性和安全性，违反规定者将依据《发票管理办法》第三十六条受到相应处罚。

二、税务风险防范措施

（一）建立税务风险管理制度

1. 明确税务管理职责与流程

（1）具体管理职责

总部税务管理部门：在大型建筑央企如中铁某局中，总部税务管理部门承担着统领全局税务工作的重任。负责制定集团整体税务战略与规划，紧密跟踪国家及地方税收政策的动态变化，及时解读并向各层级单位传达最新政策要点。组织开展全集团的税务筹划工作，结合企业业务特点和发展目标，设计合法、有效的税务筹划方案，以降低企业整体税务成本。审核各子公司、分公司及重大项目的纳税申报资料，确保申报数据的准确性与合规性。同时，负责与国家税务总局及各级地方税务机关进行沟通协调，处理重大税务事项和税务争议。例如，在面对复杂的税收政策调整，如增值税税率变动或税收优惠政策的出台，总部税务管理部门要在第一时间组织内部研讨，并向各层级单位提供明确的执行指导。

子公司、分公司税务管理岗位：负责本单位日常税务事务的具体执行。包括依据总部制定的税务管理制度和流程，办理各类税款的申报缴纳工作，准确填写纳税申报表，并按时提交给当地税务机关。对本单位的税务资料进行整理、归档和保管，确保税务资料的完整性和可追溯性。与当地税务机关保持密切沟通，及时了解地方税收征管要求的变化，并向总部反馈相关信息。参与本单位的经济业务决策，从税务角度提供专业意见，评估业务活动可能产生的税务影响。例如，在子公司进行一项大型设备采购决策时，税务管理岗位人员要分析不同采购方式（如直接购买、融资租赁等）下的税务成本差异，为决策提供参考。若直接购买设备，可取得增值税专用发票，进项税额能抵扣 13%，但需一次性支付大额资金；融资租赁设备，进项税额按租赁期分期抵扣，在资金流上更具优势。通过对比，为企业选择最优采购方案提供税务依据。

项目部税务人员：深入项目一线，负责项目全过程的税务管理。在项目投标阶段，协助投标团队对项目涉及的各类税费进行详细测算，考虑项目所在地的税收政策、工程施工周期、成本构成等因素，为投标报价提供准确的税务成本数据。项目实施过程中，根据工程进度准确核算项目收入与成本，确保收入确认和成本列支符合税法规定。审核项目涉及的各类发票，包括建筑材料采购发票、劳务分包发票等，确保发票的真实性、合法性和与业务的关联性。例如，在某桥梁建设项目中，项目部税务人员要对每一批次钢材采购发票的开具内容、金额、数量等进行仔细核对，与实际采购合同和入库单进行比对，防止虚假发票或发票内容不符的情况发生。在审核一张价值 50 万元的钢材采购发票时，发现发票上的钢材规格与合同约定不符，及时要求供应商重新开具，避免了潜在税务风险。

（2）明确管理职责的方式

通过制定详细的税务管理岗位职责说明书，明确各层级税务管理岗位的工作内容、职责范围和工作标准。例如，为总部税务管理部门的税务筹划专员制定专门的职责说明书，规定其负责每年至少提出 3 项具有可行性的税务筹划方案，方案实施后要为企业降低税务成本 5% 以上。对于子公司税务管理岗位，要求每月按时完成纳税申报，申报准确率须达到 99% 以上。

建立税务管理工作流程手册，以流程图和文字说明相结合的方式，展示各项税务管理工作的操作步骤和责任部门。例如，对于纳税申报工作，详细绘制从数据收集、报表填写、审核到提交的整个流程，明确每个环节由哪个部门或岗位负责，以及各环节的时间节点要求。规定项目部须在每月 25 日前将准确的收入、成本数据提交给子公司税务管理岗位，子公司税务管理岗位在次月 5 日前完成纳税申报表的填写和内部审核，8 日前提交给总部税务管理部门复核，12 日前完成最终申报。

定期组织税务管理工作会议，加强各层级税务管理部门之间的沟通与协作。在会议上，各部门汇报工作进展、遇到的问题及解决方案，促进经验交流和信息共享，确保税务管理职责的有效履行。例如，每月召开一次集团税务工作视频会议，各子公司、分公司及重点项目部的税务负责人汇报当月工作情况，总部税务管理部门进行工作指导和问题协调。

（3）具体流程

项目投标阶段：项目部税务人员首先收集项目相关信息，包括项目招标文件、施工图纸、预计工期等。分析项目所在地的税收政策，特别是与建筑工程相关的税收优惠政策、税率规定等。结合项目成本预算，对项目涉及的增值税、企业所得税、城市维护建设税等主要税种进行初步测算。将测算结果提交给投标团队，投标团队在综合考虑税务成本后确定投标报价。例如，在某铁路项目投标时，项目部税务人员了解到项目所在地对特定类型的铁路建设项目有企业所得税"三免两减半"的优惠政策，经测算该项目在优惠期内可节省企业所得税约 500 万元，投标团队据此调整报价策略，提高了项目的中标竞争力。

项目实施阶段：在项目实施过程中，项目部税务人员每月依据工程进度报告和计量支付证书,与财务部门核对项目收入。根据实际发生的成本支出,审核各类成本发票的合规性。对于建筑材料采购发票,要检查发票开具方是否为实际供应商,发票内容是否与采购合同、入库单一致。对于劳务分包发票,要核实劳务提供方的资质、劳务量与发票金额是否匹配等。每月结束后,在次月15日前,项目部税务人员将准确的收入、成本数据提交给子公司或分公司税务管理岗位。子公司或分公司税务管理岗位汇总本单位各项目部的数据,进行纳税申报表的填写和审核。审核无误后,通过电子税务局等系统完成纳税申报,并缴纳相应税款。例如,在某高速公路项目实施过程中,项目部税务人员发现一笔钢材采购发票的货物名称与实际采购的钢材型号不符,及时要求供应商重新开具发票,避免了因发票不合规导致的税务风险。在完成当月纳税申报后,子公司税务管理岗位将申报资料进行整理归档,以备后续税务检查。

2. 设置风险预警指标

（1）税负率指标

增值税税负率:计算公式为增值税应纳税额 ÷ 应税销售额 ×100%。建筑企业的增值税税负率受多种因素影响,如工程项目的成本结构（材料采购、劳务分包、机械设备租赁等占比）、进项税额抵扣情况等。一般来说,建筑行业的增值税税负率在2%~3%之间波动较为合理。如果某铁路项目的增值税税负率连续三个月低于1.5%,且低于同行业平均水平10%以上,可能存在少计收入、多抵进项税额等风险。例如,项目可能存在将已完成的工程部分未及时确认收入,或者在进项税额抵扣方面,将用于非应税项目的购进货物或劳务的进项税额进行了违规抵扣。反之,如果增值税税负率高于同行业平均水平20%以上,即高于3.6%,可能存在进项税额取得不充分、发票开具不规范等问题,如未能即时取得供应商开具的增值税专用发票,或者取得的发票不符合抵扣要求。

企业所得税税负率:计算公式为应纳所得税额 ÷ 利润总额 ×100%。建筑企业的企业所得税税负率通常在1.5%~2.5%之间。若某大型建筑项目的企业所得税税负率持续低于1%,且低于企业自身历史平均税负率15%以上,可能存在成本费用虚增、收入确认不及时等风险。例如,企业可能通过虚构一些与项目无关的成本费用来降低应纳税所得额,或者将已实现的收入推迟确认。若企业所得税税负率高于同行业平均水平30%以上，即高于3.25%，可能存在对税收优惠政策利用不足、费用列支不合理等问题，如未能充分享受研发费用加计扣除等税收优惠政策，或者将一些不应在当期列支的费用计入了成本费用。

（2）纳税申报异常指标

申报及时性指标：以各税种规定的纳税申报期限为标准，如增值税一般按月申报，申报期限为次月15日前。若企业连续两个月出现未在规定期限内完成纳税申报的情况，系统应发出预警。未按时申报可能导致企业面临滞纳金、罚款等处罚，同时也反映出企业税务管理流程存在漏洞。例如，某分公司因内部财务人员变动，交接工作不顺畅，导致连续两个月未按时申报增值税，被税务机关处以罚款并加收滞纳金，对企业的纳税信用等级也产生了负面影响。

申报数据逻辑指标：审核纳税申报表中的数据逻辑关系，如收入与成本的配比关系。正常情况下，建筑项目的成本与收入应保持一定的比例关系。若某高速公路项目的纳税申报表中，成本费用同比增长50%，而收入仅增长10%，且无合理原因解释，系统应立即预警。这可能暗示企业存在成本费用虚增或收入隐瞒的情况。再如，增值税申报表中的销项税额与企业开具的发票金额是否匹配，进项税额与取得的可抵扣发票金额是否一致。若出现差异较大且无法合理解释的情况，可能存在发票开具或抵扣方面的问题。

申报表与财务报表数据一致性指标：对比纳税申报表与企业财务报表中的相关数据，如企业所得税申报表中的营业收入、利润总额等数据应与财务报表中的数据一致。若发现两者之间存在较大差异，如企业所得税申报表中的营业收入比财务报表中的营业收入少20%以上，且无合理调整说明，可能存在企业故意隐瞒收入或财务报表数据不准确的问题。例如，某子公司在进行企业所得税申报时，为了少缴纳税款，故意调低了申报表中的营业收入，经内部审计发现后，及时进行了纠正，避免了税务风险的进一步扩大。

（二）加强内部审计与监督

1.人员培训

定期组织专业培训课程：根据税收政策的变化和企业税务管理的实际需

求，制定年度培训计划。例如，每年年初，企业邀请税务专家、学者为全体税务人员举办为期一周的税收政策解读培训。培训内容涵盖最新出台的税收法律法规、税收征管政策的调整以及对建筑行业的影响等。在培训过程中，通过案例分析、小组讨论等方式，提升税务人员对政策的理解和应用能力。例如，在新的增值税留抵退税政策出台后，及时组织培训，详细讲解政策适用条件、申请流程及注意事项，通过实际案例演示如何准确计算留抵退税额，确保税务人员能够正确为企业办理相关业务。在一次培训中，通过对某企业成功申请留抵退税案例的分析，让税务人员清晰掌握了申请要点，培训后企业成功申请留抵退税 300 万元。

开展线上学习平台：搭建企业内部的税务学习平台，上传丰富的学习资料，包括税收政策法规库、税务案例集、培训视频等。税务人员可以利用碎片化时间进行自主学习，提升自身专业知识。平台设置在线答疑功能，税务人员在学习过程中遇到问题可以随时提问，由内部专家或资深税务人员进行解答。例如，税务人员在处理一笔跨境建筑服务的税务问题时，通过线上学习平台查询相关资料，并在在线答疑板块提问，得到了及时准确的解答，顺利完成了税务处理工作。自平台上线以来，累计解答税务问题 500 余件，有效提升了税务人员的工作效率。

组织岗位技能培训：针对不同层级、不同岗位的税务人员，开展有针对性的岗位技能培训。对于项目部税务人员，重点培训发票审核、项目成本核算的税务要点等内容；对于子公司、分公司税务管理岗位人员，加强纳税申报系统操作、税务筹划技巧等方面的培训；对于总部税务管理部门人员，注重宏观税务政策研究、税务风险管理等方面的培训。例如，为项目部税务人员举办发票审核技巧培训，通过实际发票样本，讲解如何识别虚假发票、发票开具不规范的风险点以及如何与供应商沟通解决发票问题等。培训后，项目部税务人员发票审核准确率从 80% 提升至 95%。

外部交流学习：定期选派优秀的税务人员参加行业研讨会、税务论坛等活动，与同行交流经验，了解行业最新的税务管理理念和方法。同时，鼓励税务人员考取注册税务师、注册会计师等专业资格证书，对取得证书的人员给予一定的奖励和职业晋升机会。例如，每年选派 5~10 名税务人员参加全国性的建筑行业税务研讨会，让他们带回先进的管理经验和做法，促进企业税务管理水平的提升。过去三年，企业共有 15 名税务人员考取了注册税务师证书，其中 8 人获得了晋升机会。

2. 人员管理

建立绩效考核体系：将税务合规工作纳入绩效考核指标，明确各项考核指标的权重和评分标准。例如，纳税申报的准确性和及时性占绩效考核总分的 30%，若出现一次纳税申报错误或逾期申报，扣除 5 分；税务风险防控工作占 30%，如成功识别并防范重大税务风险，给予额外 10 分；税务筹划工作的成效占 20%，根据税务筹划方案为企业节省的税务成本金额进行评分，每节省 100 万元得 5 分。

激励机制：对在税务工作中表现突出的人员给予物质奖励和职业晋升机会。例如，设立年度税务工作优秀奖，对在税务合规、风险防控、税务筹划等方面表现优秀的税务人员给予奖金奖励，并在晋升、岗位调整时优先考虑。对于为企业成功争取到重大税收优惠政策或通过税务筹划为企业节省大量税务成本的团队或个人，给予特别奖励。去年，因成功争取到一项税收优惠政策，为企业节省税款 800 万元，相关团队获得了 50 万元的奖励。

监督与问责机制：对违规操作或因工作疏忽引发税务问题的人员进行严肃处理。如因税务人员未认真审核发票，导致企业取得虚假发票并进行了抵扣，造成税务损失的，根据情节轻重给予扣减绩效奖金、警告、降职等处分。同时，对引发重大税务风险的事件进行深入调查，追究相关人员的责任，包括直接责任人和管理责任人。去年，因一名税务人员未仔细审核发票，导致企业多抵扣进项税额 50 万元，被税务机关查处，该税务人员被扣发半年绩效奖金，并给予警告处分。

人才选拔与培养：建立税务人才储备库，通过内部选拔和外部招聘相结合的方式，选拔优秀的税务人才。对于有潜力的税务人员，制订个性化的培养计划，提供更多的培训和实践机会，帮助他们快速成长。例如，从各子公司、分公司选拔一批年轻优秀的税务人员进入人才储备库，为他们安排导师进行一对一指导，参与重大税务项目的策划和实施，培养未来的税务管理骨干。目前，人才储备库中有 30 名税务人员，其中 10 人已在重要税务岗位发挥关键作用。

第三节　税收优惠政策的利用与实施

一、适用税收优惠政策分析

（一）基础设施建设税收优惠政策

1. 企业所得税"三免两减半"政策

国家为大力推动基础设施建设，依据《中华人民共和国企业所得税法》及其实施条例，对企业从事《公共基础设施项目企业所得税优惠目录》（以下简称《目录》）规定的铁路、公路等国家重点扶持的公共基础设施项目的投资经营所得，给予"三免两减半"的税收优惠。此政策旨在减轻企业负担，激发企业参与基础设施建设的积极性。

以某大型建筑央企承接的西部某铁路干线建设项目为例，该项目总投资规模达数百亿元，建设周期较长。项目于 2015 年正式通车运营并取得第一笔运输收入，从这一年起，便符合"三免两减半"政策的起始条件。在免税期的前三年，企业每年因该政策减免的企业所得税额高达 3 000 万元。这一减免数额极大地缓解了企业的资金压力，为后续铁路的运营维护以及债务偿还提供了坚实的资金支持。

在计算减免税额时，精准确定应纳税所得额至关重要。若企业有同时从事不在《目录》范围的生产经营项目取得的所得，必须与享受优惠的公共基础设施项目经营所得分开核算，并合理分摊企业该期间内的共同费用。例如，企业在参与铁路建设项目的同时，还涉足房地产开发业务，那么房地产开发业务的所得就需与铁路建设项目所得清晰区分开来。若没有单独核算，企业将无法享受上述企业所得税优惠。

2. 耕地占用税减免政策

根据《中华人民共和国耕地占用税法》及相关实施办法，铁路线路、公路线路占用耕地时，减按每平方米 2 元的税额征收耕地占用税。其中，减税的铁路线路具体范围限于铁路路基、桥梁、涵洞、隧道及其按照规定两侧留地、防火隔离带；减税的公路线路具体范围限于经批准建设的国道、省道、县道、乡道和属于农村公路的村道的主体工程以及两侧边沟或者截水沟。

某建筑央企承接的高速公路项目在建设过程中，需占用一定面积的耕地。按照当地原耕地占用税适用税额标准，每平方米税额为 20 元。但依据上述减免政策，实际按每平方米 2 元缴纳耕地占用税。经核算，该项目因享受此优惠政策，在耕地占用环节节省成本高达 500 万元。

项目建设方在申报减免时，须向当地税务机关提供详细资料，包括项目批准文件、用地红线图、占用耕地情况说明等。税务机关会对这些资料进行严格审核，只有审核确认无误后，企业才能享受该减免政策。

3. 增值税简易计税政策

依据财税〔2016〕36 号、财税〔2016〕47 号文件，公路经营企业中的一般纳税人收取试点前开工的高速公路的车辆通行费，可以选择适用简易计税方法，减按 3% 的征收率征收增值税；收取试点前开工的一级公路、二级公路、桥、闸通行费，可以选择适用简易计税方法，按照 5% 的征收率计算缴纳增值税。其中，试点前开工是指相关施工许可证明上注明的合同开工日期在 2016 年 4 月 30 日前。

某建筑央企旗下的公路经营企业拥有多条运营公路，部分路段开通于 2015 年，属于政策规定的试点前开工项目。在增值税计税方式上，企业对符合条件的路段通行费收入选择简易计税。经对比，与一般计税方法相比，该企业在某年度因简易计税少缴纳增值税 200 万元。节省下来的资金被投入到公路养护升级工作中，有效提升了公路的服务质量。

在选择简易计税时，企业需在首次申报纳税前，向主管税务机关提交书面声明，并留存相关施工许可证明等资料备查。这一规定确保了企业在享受税收优惠政策的同时，严格遵守税务管理要求。

（二）环保节能项目税收优惠政策

1. 企业所得税减免政策

依据《中华人民共和国企业所得税法》及其实施条例，企业从事符合条件的环境保护、节能节水项目，包括公共污水处理、公共垃圾处理、沼气综合开发利用、节能减排技术改造、海水淡化等，其项目所得自项目取得第一笔生产经营收入所属纳税年度起，第一年至第三年免征企业所得税，第四年至第六年减半征收企业所得税。

某建筑央企下属的一家子公司投资建设了一座大型污水处理厂。该项目于 2018 年正式投入运营，并取得第一笔污水处理收入，从当年起符合企业所得税减免政策起始条件。在免税期的前三年，企业每年因该政策减免的企业所得税额达 500 万元。这些资金为企业更新污水处理设备、提升技术研发能力提供了有力支持，确保污水处理厂能够稳定高效运行，出水水质优于国家标准。

企业在申报此项优惠时，需注意项目应符合国家发展改革委、财政部、税务总局等部门联合发布的《环境保护、节能节水项目企业所得税优惠目录》规定的具体条件和范围。同时，要准确核算项目所得，单独进行财务核算。例如，污水处理厂的收入和成本需与企业其他业务清晰区分，确保税务机关审核时资料齐全、数据准确。

2. 专用设备投资抵免政策

根据《中华人民共和国企业所得税法》及其实施条例，企业购置并实际使用《环境保护专用设备企业所得税优惠目录》《节能节水专用设备企业所得税优惠目录》规定的专用设备，该专用设备的投资额的 10% 可以从企业当年的应纳税额中抵免；当年不足抵免的，可以在以后 5 个纳税年度结转抵免。

某建筑央企在新建的装配式建筑生产基地中，购置了大量符合目录要求的节能生产设备，总投资额超 2 亿元。在企业所得税申报时，按规定计算出设备投资额的 10%，即 2 000 万元可用于抵免当年应纳税额，有效降低了企业所得税税负。

企业需注意，享受此优惠的专用设备应在 5 年内保持实际使用状态。若在 5 年内转让、出租的，应当停止享受企业所得税优惠，并补缴已经抵免的企业所得税税款。同时，专用设备的投资额应依据国家税务总局相关文件确定，确保计算准确。

3. 增值税、车船税及车辆购置税优惠政策

依据财税〔2010〕110 号文件，节能服务公司实施符合条件的合同能源管理项目，将项目中的增值税应税货物转让给用能企业，暂免征收增值税；同时符合相关技术要求及合同格式内容规定的合同能源管理服务，免征增值税。

某节能服务公司为该建筑央企旗下的多个办公大楼实施照明系统节能改造项目，采用合同能源管理模式。在项目实施过程中，涉及的节能灯具等增值税应税货物转让给建筑央企时，暂免征收增值税；提供的节能服务也符合免征增值税条件。经统计，该项目因增值税减免为节能服务公司节省成本约100万元，提高了其推广节能项目的积极性，同时也为建筑央企降低了用电成本，实现了双赢。

在车船税方面，根据财税〔2018〕74号文件，对节约能源车船，减半征收车船税；对使用新能源车船，免征车船税。该建筑央企为减少施工车辆尾气排放，购置了一批新能源工程车，每年因免征车船税而节省30万元支出，有力推动了企业绿色运输体系建设。

对于车辆购置税，依据财政部公告2020年第21号，自2021年1月1日至2022年12月31日，对购置的新能源汽车免征车辆购置税。企业购置新能源公务用车时，可享受此项优惠，降低购车成本。例如，企业购置一批价值200万元的新能源公务用车，因免征车辆购置税节省了20万元。企业在享受这些优惠政策时，要严格按照文件要求，提供车辆相关技术参数、购车合同等资料，确保合规享受优惠。

二、优惠政策申请流程与所需资料

（一）申请流程

1. 增值税税收优惠申请流程

某建筑央企在申请增值税税收优惠时，需遵循严格流程。首先，依据拟申请的优惠政策，如符合条件的建筑服务简易计税、特定项目增值税减免等，准备详尽资料，涵盖营业执照副本、税务登记证、相关业务合同（如建筑工程承包合同、分包合同，注明开工日期、服务内容、价款结算方式等关键信息，以判定是否适用简易计税或其他优惠）、财务报表（反映收入、成本、进项税额等数据，用于测算优惠前后税负对比及应纳税额计算）、项目立项审批文件（证明项目合法性与所属领域，如基础设施建设或环保节能项目）等。

准备就绪后，企业通过电子税务局线上提交申请资料，并填写《增值税税收优惠申请表》，详述申请理由、政策依据、适用期间等，打印纸质版签字盖章后报送至主管税务机关办税服务厅。税务机关收到申请后，在规定工作日内初审，重点审核资料完整性、合规性，检查合同真实性、财务数据逻辑一致性，对简易计税项目核实开工日期界定是否准确，对减免税项目审查是否符合政策限定范围。

初审若发现资料缺失或不符合要求，税务机关一次性告知企业补充更正；初审通过，则安排工作人员实地核查，深入项目现场察看工程进度、设备设施投入使用情况、业务实际开展模式是否与申报相符，如核查环保节能项目是否按标准建设运营，确认无误后，经内部审批流程批准企业享受税收优惠，并出具《增值税税收优惠批准通知书》，企业凭此通知书到办税服务厅领取税收优惠相关税务凭证，完成申请流程，后续按优惠政策申报纳税，留存申请资料以备查验。

2. 企业所得税优惠申请流程

申请企业所得税优惠时，企业先依据项目特性与经营状况，精准判断可适用政策，如从事基础设施建设的项目核算"三免两减半"起始时间与应纳税所得额，环保节能项目确认是否满足所得减免或专用设备投资抵免条件。以某建筑央企投资运营的污水处理厂为例，对照《环境保护、节能节水项目企业所得税优惠目录》，明确项目各环节技术指标、运营模式达标情况，作为申请依据。

接着，按要求编制申请材料，包括企业所得税优惠申请表，详细阐述项目基本情况（名称、地点、投资规模、运营起始时间）、工艺流程（污水处理流程、节能设备运行原理）、预期环境与经济效益；提供企业营业执照、税务登记证、年度财务审计报告（经第三方审计，含资产负债表、利润表、现金流量表，精准反映项目收支、利润，辅助核算减免税额）、项目专项财务核算资料（单独列支环保节能项目收入、成本、费用，确保与其他业务清晰区分）；若涉及专用设备投资抵免，附上设备购置发票、合同、技术参数说明，证明设备符合目录要求，标注设备入账时间、使用状态，确保投资额准确计算。

材料准备齐全后，企业向主管税务机关提交，可选择线上电子申报或线下窗口递交。税务机关接收后，依流程审核，先由经办人员审查资料形式合规性，再组织专业团队复核项目实质符合度，必要时咨询第三方专家意见，如评估环保项目技术先进性、节能效果是否达到行业标准；对重大复杂项目，实地勘察核实。经多轮审核确认企业符合优惠条件，税务机关发放企业所得税优惠证书，明确优惠类型、期限、金额等关键信息，企业据此在申报所得税时享受减免，后续定期报送优惠执行情况报告，税务机关跟踪监管，保障政策落地精准有效。

（二）所需资料

1. 通用资料

申请税收优惠时，某建筑央企需提交一系列通用资料。营业执照副本与税务登记证是基础，证明企业合法经营与纳税身份；财务报表涵盖资产负债表、利润表、现金流量表，精准反映企业财务状况、经营成果与资金流向，帮助税务机关评估优惠对企业财务影响及判断是否符合条件，如从利润表看环保节能项目盈利水平，核实所得税减免资格。

税收优惠申请表详述企业基本信息、申请政策类型、适用项目详情、申请理由依据，确保税务机关快速了解诉求；书面申请报告则深入阐释企业经营战略与项目意义，如强调基础设施项目对区域发展的带动，增强申请说服力；企业法定代表人身份证明及授权委托书，在委托办理时明确委托关系与权限，保障申请流程合法有效。

2. 特定资料

依政策类型不同，所需特定资料各异。对于享受"三免两减半"的基础设施项目，需提供国家发展改革委或地方相关部门出具的项目核准文件，明确项目属于政策扶持范畴，附上项目可行性研究报告，详述技术、经济、环境可行性，如铁路项目的线路规划、客流量预测、建设成本效益分析等；项目竣工验收报告则证明项目按标准建成投产，运营情况说明包括通车时间、客流量、运输收入等，为免税起始时间与应纳税所得额核算提供依据。

环保节能项目申报企业所得税减免，需要提交环保部门的环境影响评价报告批复，证实项目环保达标，节能主管部门的节能评估审查意见，证明能耗符合标准，如污水处理厂的污水处理工艺、出水水质监测报告，节能改造项目的节能率测算报告；购置专用设备享受投资抵免的，需提供设备购置发票、合同，详细的设备技术参数说明书，证明设备在《环境保护专用设备企业所得税优惠目录》或《节能节水专用设备企业所得税优惠目录》内，设备入账凭证、使用台账确保投资额准确、使用状态合规。

增值税优惠申请依项目特性提供相关材料。简易计税项目，除通用资料外，需提供建筑工程施工许可证或建筑工程承包合同，精准判断开工日期是否符合政策节点；采用甲供工程、清包工方式的，甲供材料清单、清包工劳务合同明确业务模式，如甲供工程列出建设单位供应的钢材、水泥等详细清单，辅助税务机关审核计税方式选择是否正确，保障申请资料完整精准，提升优惠获批效率。

第十章 信息技术在财务管理中的应用

第一节 财务管理信息系统的选择与实施

一、久其系统功能特点与优势

久其系统在某建筑央企的铁路项目中展现出卓越的功能特点与优势。在财务核算模块，系统精准记录项目成本费用，与供应商管理、考勤管理系统深度集成，确保原材料采购、运输费用、人工费用等详细数据实时录入，为成本管控提供可靠依据。同时，系统依据多维度分类标准细化核算项目成本费用，便于分析各阶段成本投入合理性，助力企业找出成本优化关键点。

在预算管理模块，久其系统助力项目预算编制精准化，深入剖析项目特点，结合历史数据与当前市场情况，精确预估各项成本，为项目启动提供坚实资金规划基础。在执行过程中，系统实时监控预算执行情况，自动采集数据并与预算指标比对，预警异常，支持快速模拟不同调整方案，确保预算贴合实际，保障项目经济效益。

在资金管理模块，系统实现资金优化调配与风险实时监控。面对阶段性资金紧张，系统依据多维度信息迅速给出调配方案，确保项目按计划推进。同时，系统设定关键指标监控资金流动性与信用风险，实时预警潜在危机，促使项目团队及时采取措施，维护资金链稳定。

在报表管理模块，久其系统快速生成精准报表，深度集成项目各业务模块，实现数据实时共享与自动抓取，大幅缩短报表编制周期，确保数据真实可靠。此外，系统提供多维度数据分析功能，助力企业战略决策，通过成本、收益、资金流等多维度洞察，为企业提前规划资金、优化资源配置、提升项目效益提供有力支持。

二、久其系统实施关键步骤

（一）系统实施计划精细规划

1. 明确各阶段任务与节点

以某建筑央企为例，在久其系统实施时，项目启动阶段（第1周），企业高层组建包含财务、技术、业务骨干的项目实施小组，召开启动大会，宣贯系统实施战略意义，发布项目章程，明确项目目标、范围与整体规划，奠定项目推进基调。需求调研阶段（第2~3周），调研团队深入各铁路项目一线，与项目经理、财务人员、物资采购人员等多方访谈，了解现有财务流程痛点，像成本核算繁琐、预算监控滞后等问题，收集报表需求、数据交互需求，形成详细需求调研报告，精准锚定系统定制方向。

系统设计阶段（第4~6周），依据需求报告，技术团队联合久其软件专家，设计系统架构，规划财务核算、预算管理等模块功能细节，明确系统界面交互逻辑、数据流转路径，绘制详尽系统蓝图，确保系统贴合企业复杂业务场景。数据准备阶段（第7~9周），数据小组清理历史财务数据，去除冗余、错误信息，依据新系统数据标准，分类、编码铁路项目成本科目、预算项目等数据，为系统上线筑牢数据根基。系统测试阶段（第10~12周），测试人员模拟铁路项目全业务流程，从材料采购记账、预算编制执行到报表生成，全方位测试系统功能准确性、稳定性，记录并反馈漏洞，保障上线质量。上线切换阶段（第13周），选择试点铁路项目，采用并行切换策略，新旧系统同步运行一段时间，比对数据与业务处理结果，确保无误后逐步将全量业务迁移至久其系统。培训推广阶段（第14~16周），按财务人员、项目管理人员、领导层级制定培训课程，运用线上视频学习、线下实操演练相结合方式，助力员工熟练掌握系统操作，同时在全集团宣传推广，提升系统认知度与使用率。

2. 落实责任人确保推进

为保障久其系统顺利实施，各阶段任务均明确责任人。项目启动阶段，由企业 CFO 担任组长，统筹协调各方资源，确保启动大会顺利召开与项目章程权威性；需求调研阶段，选派经验丰富的财务经理领队，凭借其专业财务知识与沟通能力，深挖业务需求；系统设计环节，技术总监挂帅，凭借深厚技术功底把控系统架构合理性与技术先进性；数据准备阶段，数据主管全程跟进，保障数据质量与转换准确性；系统测试时，测试组长严格把关，确保测试全面、问题反馈及时；上线切换由项目经理主导，协调各方平稳过渡；培训推广阶段，培训经理依据不同受众定制培训方案并监督实施，确保员工有效掌握系统技能，各责任人各司其职，为系统落地注入强劲动力，推动企业财务管理变革稳步前行。

（二）数据迁移与整合攻坚

1. 原数据迁移保障三性

在某建筑央企久其系统实施进程中，原财务数据迁移是关键一环。为确保数据完整性，迁移前数据团队对历史财务数据展开全面清查，涵盖多年铁路项目的成本明细、预算执行记录、资金收支流水等。从最早期手工账册记录到前期财务软件存储数据，无一遗漏，借助专业 ETL 工具，将分散于不同存储介质、格式的数据统一抽取，如将老旧 Excel 格式成本报表、Access 数据库形式的预算初稿等，完整转化至久其系统适配格式，保证项目全生命周期数据连续。

准确性保障上，构建多重校验机制。数据抽取阶段，依据预设财务规则，对关键数据字段，如成本科目金额、发票号码、银行转账金额等进行逻辑校验，自动筛查异常数据；转换加载时，再次比对原系统与久其系统数据一致性，以某铁路桥梁工程材料采购成本为例，从供应商发票金额、数量到入库验收单明细，逐一核对，确保迁移后成本数据精准无误，为后续财务分析筑牢根基。

为实现数据一致性，制定统一数据标准。参照最新会计准则与企业内部财务规范，对原系统中科目设置不统一、核算口径有差异问题进行整改。如原部分项目将临时设施搭建费用归入间接成本，部分归入专项工程支出，迁移时统一归入间接成本——临时设施费科目，使不同铁路项目成本数据在久其系统内可比、可用，让企业对整体财务状况清晰掌握。

2. 跨系统整合实现协同

久其系统与某建筑央企内部其他系统整合意义重大。与项目管理系统对接时，以铁路项目进度为主线，实现数据互通。项目管理系统中每日桥梁桩基施工进度、隧道开挖进尺等信息实时同步至久其系统，财务人员据此精准核算对应阶段人工成本、材料消耗，如隧道当日开挖 5 米，系统自动关联该进度下炸药、支护钢材等材料用量及施工班组人工工时，成本核算细化至工序层面；反之，久其系统预算执行、成本预警信息反馈至项目管理端，助力项目经理动态优化施工安排，避免资源浪费。

在与采购管理系统协同上，采购订单创建、审批、收货验收全流程信息实时共享。供应商供货后，采购系统录入到货数量、质量验收情况，久其系统立即获取，触发应付账款核算流程，依据合同付款条款精准安排资金；同时，久其系统基于成本分析，为采购部门提供物料采购价格趋势、成本节约建议，如提示某型号钢材市场价格走低，采购部门适时调整采购策略，实现降本增效，打破部门数据壁垒，以一体化信息流转赋能企业运营管理。

第二节 大数据与人工智能在财务分析中的应用

一、建筑央企财务共享建设现状

（一）建筑央企财务管理特点

1. 项目分散与管控挑战

以某建筑央企为例，其业务范围覆盖全国乃至全球多个地区，工程项目广泛分布于不同地域，从繁华都市到偏远山区，从国内到海外。如在国内，参与众多高铁、高速公路等基础设施建设项目，像川藏铁路部分路段建设，项目穿越复杂地质环境，施工难度极大；在海外，承接非洲、东南亚等地的公路、桥梁工程，面临不同国家的政治、经济、文化差异以及复杂多变的国际形势。

这种广泛的项目分布使得传统财务管理模式下，总公司难以实时、精准掌控各项目财务状况。信息传递存在延迟，数据准确性在层层上报中大打折扣，导致总部决策滞后，无法及时应对项目中的财务风险，如资金短缺、成本超支等问题，难以满足企业规模化发展需求。

2. 业财融合需求迫切

在建筑项目全生命周期中，从项目投标阶段的成本估算、标书制作，施工阶段的原材料采购、人工费用结算，到竣工验收阶段的尾款结算、质量保证金管理等，每个环节都离不开财务与业务的深度协同。

投标时，业务部门需要财务精确测算成本，提供合理报价依据，避免低价中标后亏损；施工中，采购部门采购原材料，财务若不能及时监控资金流向、分析成本变动，易出现资金浪费、成本失控。但当前，业务部门与财务部门常各自为政，信息孤岛现象严重，业务数据难以及时、准确转化为财务数据，制约企业精细化管理与效益提升，如项目进度与资金拨付不匹配，导致施工延误或资金闲置。

（二）财务共享建设进程与成效

该建筑央企引入久其系统推进财务共享建设，历经筹备、试点、推广等阶段。筹备期，对企业现有财务流程、组织架构、信息系统全面梳理，结合久其系统功能制定适配方案；试点阶段，选取部分区域或项目试点，如在西南地区高铁建设项目群试点费用报销、资金支付等模块，积累经验优化流程；推广阶段逐步扩大至全集团。

通过建设，流程标准化成效显著，从项目立项、预算编制、成本核算到竣工决算，各环节流程统一规范，消除地域、部门差异，如全国各高速公路项目成本核算统一依据工程量清单、材料消耗标准执行，确保成本数据可比。数据集中化得以实现，依托久其系统搭建集团数据中心，各地项目财务数据实时汇聚，总部可动态监控资金流、成本支出、收入确认，为决策提供精准数据支持，如实时掌握青藏铁路某路段建设资金拨付与使用进度，保障项目资金链稳定。

二、大数据技术在财务数据处理中的关键应用

（一）数据采集与存储的多元策略

1. 多源数据采集架构

在某铁路项目建设中，大数据技术构建起全面的数据采集网络，打破信

息孤岛，实现多源数据汇聚。从企业内部财务系统，精准提取如资产负债表、利润表等结构化财务报表数据，账目明细涵盖原材料采购、设备租赁、人工费用支出等详细分类，确保资金流向清晰可溯；业务系统中，项目进度数据实时同步，像路基铺设、桥梁搭建的完成进度，与物资管理系统联动，获取材料出入库数量、库存余量，为成本核算提供动态依据；市场数据平台则为项目注入外部活力，钢材、水泥等原材料市场价格波动信息实时更新，为成本预测预警；行业数据库提供同类铁路项目的造价指标、工期参考，助力项目对标分析，优化资源配置。

不仅如此，非结构化数据采集同样关键。合同文本通过光学字符识别（OCR）技术转化为电子文本，挖掘关键条款，如付款节点、违约责任等，保障资金收付依规执行；发票影像经智能识别分类，与财务账目关联，防范虚假报销；项目文档如施工日志、技术方案等，沉淀知识经验，为后续项目提供借鉴。如此全方位采集，为项目决策呈上丰富、立体的数据盛宴。

2. 高效存储方案抉择

面对海量且多样的数据洪流，存储技术至关重要。分布式文件系统（如Ceph、GlusterFS）以其横向扩展优势，为铁路项目数据存储提供高可靠、高可用方案。项目中的每日海量施工影像资料、传感器监测的轨道状态数据，分散存储于集群节点，避免单点故障，保障数据完整性；数据仓库（如基于Hive 的数仓架构）则擅长处理结构化数据，对财务报表、项目成本核算等数据高效存储、快速查询，通过星型或雪花型架构设计，关联多表，满足复杂分析需求。

在建大型高铁项目，该建筑央企依据项目特性抉择存储路径，实时性强的施工监测数据存入分布式文件系统，保障即时读写；历史财务数据、竣工项目资料归档至数据仓库，为长期决策分析筑牢根基，确保数据随时待命，为财务洞察精准赋能。

（二）数据清洗与预处理的精细流程

1. 智能清洗工具运用

面对海量且繁杂的财务数据，智能清洗工具成为精准分析的"过滤器"。在某铁路项目中，运用数据挖掘算法中的聚类分析，依据费用支出的频次、金额等特征，将原材料采购、设备租赁等费用数据归类，快速识别出偏离正常簇群的异常数据点，如某路段钢材采购单价在短期内频繁大幅波动，远超市场正常涨跌区间，经溯源发现是录入错误，及时纠正保障成本核算精准。

Pandas 函数库在数据清洗中作用斐然，针对财务报表中可能存在的空值，运用 fillna 方法，以该列均值、中位数或特定业务逻辑下的合理值填充，如人工费用列，参考同地区、同工种项目均值填补缺失值；利用 drop_duplicates 函数精准剔除重复报销的发票数据，依据发票号码、金额、开票日期等关键字段查重，确保每笔支出真实唯一，为财务分析筑牢数据质量根基。

2. 标准化与归一化实践

不同来源数据常"各自为政"，标准化与归一化是打通数据隔阂的关键。以成本数据为例，各项目组、供应商报送成本数据格式不一，有的按元为单位，有的精确到分，数据标准化将所有成本核算统一为元，避免因单位换算误差导致成本汇总失准；对不同项目规模下的工程量数据，采用归一化处理，将工程量转化为单位工程的标准工作量，使各铁路支线项目与主干线项目数据可比，无论项目大小，都能在同一尺度下精准衡量成本效益，为后续构建精准财务分析模型铺就平坦大道。

第三节 电子文档与无纸化办公的财务管理

一、电子文档管理系统应用

（一）电子文档分类体系构建

1. 按财务业务类型分类

在某建筑央企的财务管理中，电子文档按业务类型分类呈现出清晰且高效的管理模式。会计凭证类文档，涵盖了各类费用报销凭证、收款付款凭证等，它们作为财务核算的基础依据，详细记录了每一笔经济业务的发生情况。通过电子文档管理系统，这些凭证按照时间顺序、业务类别等维度有序存储，方便财务人员随时调取查阅，进行账务处理与核对。合同文件则包括工程项目的施工合同、物资采购合同、劳务分包合同等，依据合同编号、签订方、合同金额等属性分类存储，使财务人员能迅速定位到特定合同，精准掌握合同款项收付进度、履约情况等关键信息，为资金安排与成本核算提供有力支撑。财务报表类，如月度、季度、年度的资产负债表、利润表、现金流量表等，按照报表期间与类型归档，助力管理层快速了解企业财务状况、经营成果，以便做出科学决策。税务资料方面，从增值税发票、纳税申报表到税务稽查文件等，依税种、申报期限分类，确保税务处理合规、准确，避免税务风险。如此分类，使得财务人员在处理各类业务时，能够迅速聚焦所需文档，极大提高了工作效率与数据准确性。

2. 按项目阶段分类

以该建筑央企承接的铁路项目为例，项目筹备阶段的电子文档包含项目可行性研究报告、项目立项审批文件、初步设计方案及预算等。这些文档为项目启动提供关键指引，财务人员依据其规划资金筹备路径，评估项目投资效益，确保项目资金的前期保障。施工建设阶段，工程进度报告、材料采购清单、工程变更签证、施工费用结算单等文档大量产生。财务依据工程进度报告安排资金拨付，对照采购清单与结算单审核成本支出，借助变更签证及时调整预算，实现对项目成本的动态管控。运行维护阶段，设备运维记录、运营成本分析报告、票务收入统计等文档成为主角。财务通过分析运营成本与收入数据，评估项目盈利能力，为后续类似项目积累经验，同时依据设备运维记录合理规划设备更新资金，保障铁路项目持续、稳定运营。这种与项目阶段紧密匹配的文档分类，让财务全程深度嵌入项目流程，精准把控资金流向、成本变动与项目进度协同。

3. 按时间周期分类

该建筑央企按年度、季度、月度对财务电子文档进行划分。年度文档如年度审计报告、年度财务总结、年度预算执行情况分析等，全面反映企业全年财务运营概况，为企业战略规划、绩效考评提供核心依据，也满足对外披露、股东查阅等需求。季度文档，像季度财务报表、季度成本分析、季度资金计划执行反馈等，以更紧凑节奏呈现阶段性成果，便于管理层及时发现运营问题，调整季度工作计划与资源配置。月度文档最为频繁且细致，包含月度记账凭证、月度费用报销明细、月度资金收支报表等，是财务日常核算、资金管控、成本监控的基础资料，确保每月财务数据清晰准确，为短期决策提供实时支持。同时，这种时间周期分类严格契合审计要求，无论是内部审计的定期自查，还是外部审计的年度审查，都能迅速精准提供对应时段文档，保障审计流程顺畅，企业财务合规运营。

（二）文档存储技术选型

1. 企业级内容管理系统

企业级内容管理系统（ECM）为某建筑央企的财务文档存储提供了坚实保障。它具备强大的集中存储功能，将来自各部门、各项目环节的财务电子文档汇聚于统一平台，打破信息孤岛。在权限管理上，精细到针对不同岗位、不同层级人员对各类财务文档（如高度机密的战略投资预算文档、日常费用报销凭证等）设置差异化权限，从只读、编辑、下载到打印，严格限定操作范围，确保敏感信息安全。其安全可靠性体现在采用多重加密算法，对文档在存储、传输过程全方位加密，同时配备严谨的审计追踪机制，实时记录文档访问、修改详情，遇异常即刻预警。从集成性而言，ECM 能与企业现有财务软件（如用友、金蝶等）、办公自动化系统（OA）无缝对接，实现数据实时交互，财务人员在处理账务时可一键调取相关文档，无需跨系统切换查找。以该央企某铁路项目为例，引入 ECM 前，文档检索常耗时数小时，项目成本核算因数据收集缓慢、易出错，每月需额外耗费约 5 个人工日纠错；应用后，检索时间缩至数分钟，成本核算效率提升 80%，每月节省纸张、墨盒等办公耗材费用超 3 000 元，项目财务管理流程显著优化。

2. 云存储服务

云存储服务在某建筑央企财务管理中展现独特优势。成本效益上，企业无需重金购置大容量本地存储设备，按需租赁云空间，以满足该央企海量财务文档存储需求，相较传统存储模式，年度硬件采购及维护成本降低约 40%。扩展性方面，面对铁路项目建设高峰期剧增的文档量，云存储可灵活调配空间，轻松应对。借助云平台，分布各地的项目团队、总部财务人员能实时远程协作，通过手机、平板等终端随时访问、编辑财务文档，如施工现场人员即时上传费用报销单、工程变更资料，财务即刻审核处理，加速资金周转。云存储的自动备份功能，按预设策略备份至异地数据中心，防范数据丢失风险。公有云如阿里云、腾讯云等，部署便捷、成本低，适合一般性财务文档存储共享；私有云则侧重数据强管控、高安全，契合核心财务机密存储，如涉及重大铁路项目并购、融资的敏感文档。企业运用云存储时，搭配严格身份认证（如多因素认证）、加密传输协议等，保障数据云端安全，为财务管理数字化转型筑牢根基。

二、无纸化办公的效率提升

（一）纸质文件处理环节精简

1.打印与复印减少

在某建筑央企的财务管理实践中，无纸化办公对打印与复印环节的优化成效显著。以该企业某高速公路项目为例，在传统办公模式下，项目前期筹备阶段，各类项目规划文件、可行性研究报告、地质勘查资料等频繁打印，用于内部研讨、专家评审以及向相关部门报备，每月打印用纸量高达数千张，墨盒消耗频繁，同时，打印机维护成本因高负荷运转而攀升，每月用于纸张、墨盒及设备维护的费用超万元。随着无纸化办公推进，借助电子文档管理系统，多数文档实现线上传阅、审核与批注，仅在必要对外沟通或存档需求时才选择性打印，此时每月打印用纸量骤减至数百张，墨盒更换周期延长一倍有余，设备维护频次降低，每月相关成本降至 3 000 元以内，不仅减少了资源浪费，更使财务人员从繁琐的纸张准备、设备调试中解脱，将精力聚焦于核心业务分析，显著提升了工作效率。

2.邮寄与归档简化

无纸化办公使得某建筑央企在财务流程中的邮寄与归档环节得到极大简化。以往，在异地子公司与总部间的财务协作中，如费用报销，员工需将纸质发票、报销单等通过快递邮寄至总部财务部门，耗时数日且存在单据丢失风险，像该企业某铁路项目施工地分散，每月邮寄费用超 5 000 元，报销周期因邮寄时长延长近一周。如今，电子发票普及，员工线上提交报销申请，电子发票一键上传，系统自动识别、验真，财务即时审核，报销周期缩短至三日以内，邮寄费用近乎归零。在归档方面，传统纸质合同、报表归档需占用大量空间，需要专人整理、编号、上架，检索一份旧合同常耗时半小时以上，现电子合同、报表等按项目、时间等精准分类存储于电子文档系统，借助关键词检索、智能筛选，数秒即可调出所需文档，为财务审计、数据分析提供强大助力，全面提升财务管理的时效性与精准性。

（二）财务工作流程自动化

1. 电子发票自动识别与验真

某建筑央企引入先进的电子发票管理系统，实现了发票处理流程的智能化变革。该系统具备强大的图像识别技术，能精准识别各类电子发票，无论是增值税专用发票、普通发票，还是电子客票、通行费发票等，均可快速提取票面关键信息，如发票代码、号码、金额、开票日期、购买方与销售方信息等，准确率高达99%以上。系统自动对接税务部门发票查验平台，实时验真，杜绝假票入账风险。以该企业某铁路项目为例，每月有数千张发票需处理，以往人工查验、录入，财务人员需耗费大量精力，且易出错，报销周期常超半月；应用电子发票系统后，员工线上提交报销申请，发票一键上传，系统秒级完成识别与验真，财务审核无误后即时付款，报销周期缩短至平均3天以内，大幅提升资金周转效率，同时将假票风险降至近乎零，使财务人员从繁琐发票处理中解放，聚焦财务分析、成本管控等高附加值工作，深度赋能财务管理自动化转型。

2. 在线协作平台应用

在某建筑央企的财务工作中，在线协作平台发挥着关键作用。在编制季度财务报表时，涉及财务、预算、成本、资金等多部门协同。通过在线协作平台，各部门人员可实时共享数据，共同编辑同一张报表。财务人员实时汇总账务数据，预算人员依据项目进度更新预算执行情况，成本人员录入最新成本明细，资金人员反馈资金收支动态，各方操作即时可见，避免数据重复录入与版本不一致问题。与传统线下模式相比，过去各部门独立编制报表，再通过邮件、会议沟通汇总，耗时费力，易因数据更新不及时导致报表差错，一个小失误常需多部门反复核对，耗费数天调整；如今借助在线协作平台，报表编制时间缩短一半以上，数据准确性显著提升，错误率降低80%，确保管理层及时获取精准财务信息，为决策提供有力支撑，彰显无纸化办公下财务协同的高效能。

第十一章 国际施工项目的财务管理

第一节 国际项目财务管理的特殊性

一、国际财务环境差异

（一）不同国家会计准则比较

1. 美国会计准则与我国会计准则对比

美国通用会计准则（GAAP）由财务会计准则委员会（FASB）制定，以规则导向为主，内容详尽且复杂。与之相比，我国会计准则由财政部制定，兼具原则导向与规则导向，注重与国情及国际惯例接轨。

在会计核算原则上，美国 GAAP 强调公允价值计量，尤其在金融工具、投资性房地产等领域广泛应用，对市场波动反应灵敏；我国会计准则虽逐步引入公允价值，但在非货币性资产交换、债务重组等业务中，更注重交易的商业实质，谨慎运用公允价值，以历史成本计量为基础，保障财务信息的可靠性。

于财务报表编制而言，美国企业需编制资产负债表、利润表、现金流量表和股东权益变动表，对报表附注披露要求极高，涵盖大量细节信息，以满足投资者决策需求；我国企业编制资产负债表、利润表、现金流量表，附注披露侧重于重要会计政策、会计估计变更及重大事项说明，重点突出关键信息，兼顾信息充分性与简洁性。

会计科目设置方面，美国 GAAP 科目精细复杂，为适应不同行业、业务特点细分众多科目，给予企业一定选择空间；我国会计准则科目设置相对统一规范，便于企业间财务数据比较，利于宏观经济统计分析。

收入确认方法上，美国会计准则依据收入确认五步法，强调控制权转移，判断标准较为灵活，适应复杂业务模式；我国会计准则遵循"五步法"原则，结合合同履约义务、时段与时点确认等规定，明确收入确认节点，注重合同执行与经济利益流入相匹配。

以某建筑央企美国铁路建设项目为例，在固定资产折旧方法选取上，美国税法允许加速折旧法，企业为节税多采用加速折旧，如双倍余额递减法，前期折旧额高、利润降低，从而延迟纳税；我国会计准则虽也有加速折旧规定，但适用条件严格，通常采用年限平均法或工作量法，财务报表呈现的利润分布相对平稳。存货计价方面，美国 GAAP 允许后进先出法，在物价上涨时，采用后进先出法使销售成本偏高、利润降低，契合谨慎性原则；我国会计准则已取消后进先出法，采用先进先出法、加权平均法等，确保成本流转与实物流转一致性，避免利润操纵。收入确认时点上，美国项目按控制权转移确认，如部分工程达到可使用状态即可确认对应收入；我国依据合同约定验收合格、取得收款权利等节点确认，保证收入确认审慎合规。

这些差异致使财务报表编制中，资产、负债、利润等计量结果不同，影响财务指标可比性。美国报表资产价值受公允价值波动影响大，利润受折旧、存货计价方法左右；我国报表侧重历史成本与实际经济业务反映。财务分析时，基于不同准则数据的比率分析、趋势分析易误导决策，项目财务人员需深入了解差异，调整数据或补充披露，确保信息准确可比，为企业管理层提供可靠决策依据。

2.英国会计准则与我国会计准则对比

英国会计准则由财务报告委员会（FRC）主导制定，以原则导向为核心，与欧盟指令高度融合，在国际会计准则发展进程中有重要影响。相较于我国，英国准则给予企业较大自主判断空间，以契合不同经营情境。

在会计科目设置上，英国会计准则相对灵活，企业能依自身业务特性灵活设置明细科目，精准反映经营细节；我国科目设置规范统一，遵循既定分类标准，保障财务数据横向可比性，便于行业汇总分析。

收入确认环节，英国准则强调经济实质实现，依据合同履约进度、风险报酬转移等综合判断，对长期合同、复杂服务合同收入确认更灵活；我国会计准则严格遵循"五步法"，结合合同条款、履约义务完成节点，明确收入确认时段与时点，增强收入确认规范性。

以某建筑央企英国公路项目为例，财务报表编制受准则差异影响显著。英国准则下，财务报告披露注重公司治理、风险管理等信息，对环境负债或有事项披露要求详尽；我国报表披露聚焦关键财务数据、重大政策变更，突出核心信息传递。在资产计价方面，英国鼓励采用公允价值计量投资性房地产、金融工具等，资产负债表反映当前市场价值，波动影响净资产；我国以成本模式为主，投资性房地产等非流动资产在特定条件下才采用公允价值计量，保证资产价值稳定性。

这对财务分析带来挑战，基于英国准则报表分析时，需关注公允价值变动对盈利持续性影响，考虑或有负债潜在风险；对比中英财务指标，需依据准则差异调整数据，如还原公允价值变动对利润的影响，使比率分析真实反映企业经营效率、偿债能力，助力企业精准把握海外项目财务状况，优化经营决策。

3. 法国会计准则与我国会计准则对比

法国会计准则受法规、税法影响深远，强调会计信息服务于税务申报与宏观经济统计，与我国准则基于市场经济、兼顾多方需求有别。

资产计价方面，法国准则倾向历史成本，对资产重估限制严格，确保账面价值稳定，减少利润波动；我国会计准则引入公允价值计量理念，对金融资产、投资性房地产等允许公允价值计量，反映市场价值变化。固定资产折旧上，法国税法规定详细折旧方法与年限，企业多依税法操作，保障纳税申报一致性；我国会计准则给定折旧方法选择范围，企业结合资产特性、经济利益预期实现方式自主抉择，兼顾财务核算与资产管理需求。

以某建筑央企法国铁路延伸项目为例，会计处理受准则差异制约明显。我国项目财务依据自身判断选择折旧方法，如高铁建设专用设备按工作量法折旧；法国项目依税法规定直线折旧，使资产折旧成本分摊模式不同，影响利润年度分布。存货计价中，法国准则类似我国，多采用先进先出法、加权平均法，保障成本流转合理性，契合生产销售流程。

法国税收制度与会计紧密关联，增值税、企业所得税申报严格依会计数据，财务报表编制需兼顾税务合规；我国会计准则与税法适度分离，企业纳税申报时依税法调整会计利润，财务核算聚焦真实反映经营成果，项目财务人员在运作时，需精细规划账务处理，平衡财务与税务要求，防范税务风险，保障项目经济效益。

4.日本会计准则与我国会计准则对比

日本会计准则由官方与民间协同制定，融合本土商业惯例与国际趋同需求，服务于企业集团化经营与资本市场发展。

合并报表领域，日本以"母公司"概念为基石，附属公司总资产值超集团总产值10%以上纳入合并范围，注重实质控制关系；我国依据控制标准，涵盖直接、间接拥有半数以上权益性资本或表决权子公司，以及虽持股未达半数但具有实质控制权情形，确保合并报表全面反映集团经营全貌。

信息披露层面，日本企业对关联交易、集团内业务往来披露细致，契合其企业集团紧密协作、交叉持股商业生态；我国上市公司着重披露重大关联交易、控股股东资金往来等关键信息，维护投资者知情权，防范利益输送风险。

以某建筑央企日本轨道交通项目为例，财务运作受准则差异牵引。我国准则下，集团内部交易抵消遵循严格权益法、成本法核算规范，确保合并报表消除重复计算；日本准则在处理集团内复杂股权、业务合作时，更强调经济实质，抵消分录编制依交易实质判断，财务人员需深度洞悉集团架构与业务脉络。在资产减值准备计提上，我国会计准则依资产可收回金额与账面价值比较计提；日本准则相对谨慎，结合市场前景、资产用途变更等综合考量，减值判断更着眼于长期经营，影响利润确认与资产估值，项目财务需精准拿捏准则尺度，优化财务策略，护航海外拓展。

（二）国际税收政策复杂性

1.项目所在国主要税种政策剖析

各国税收政策是国际项目财务管理中不可忽视的关键要素，不同税种的税率、税基、优惠政策及征管规定各异，对企业税负与经营效益影响深远。

企业所得税方面，美国税率分层设置，联邦税率最高达21%，州税税率因州而异，部分州为吸引投资给予一定减免，税基为企业全球所得，依税法调整后确定应税所得，对境外子公司股息红利等特定收入有特殊规定；我国企业所得税标准税率为25%，高新技术企业等享受15%优惠税率，税基依据权责发生制核算的应纳税所得额，允许扣除合理成本、费用。某建筑央企美国铁路项目，受当地高税率及宽泛税基制约，利润压缩，相较国内项目，所得税支出大幅增加，促使企业精细规划成本列支、探寻当地税收优惠。

增值税领域，欧盟国家普遍征收，标准税率多在 15%~25%，如法国标准税率 20%，部分民生领域商品或服务适用低税率，税基是应税货物或服务增值额，征管严格依发票抵扣制度；我国增值税多档税率并行，依据行业差异设 6%、9%、13% 等税率，税基类似欧盟，凭增值税专用发票实现进项税额抵扣。该央企欧洲项目涉及大量设备、材料采购及劳务服务，增值税发票管理、税率适用复杂，需精准分类业务、合规申报，防范税务风险。

预提税上，不同国家针对股息、利息、特许权使用费等跨境支付款项征收，税率 5%~30% 不等。日本对向非居民企业支付股息的预提税税率 20%，部分税收协定下可降低；我国对外支付股息预提税税率依协定调整，通常在 5%~10%。某建筑央企从日本项目汇回股息时，预提税大幅削减利润，促使企业提前规划利润留存、利用协定优化税负。

关税环节，各国依贸易保护、产业扶持需求设不同税率，发展中国家对进口基建设备多征较高关税，部分国家为吸引外资对特定项目进口物资给予关税减免。某建筑央企非洲公路项目，当地政府为促发展，对项目进口工程设备、建筑材料给予关税优惠，企业依政策申请免税，降低建设成本，提升项目竞争力。综上，精准把握各国税种政策，是企业跨国经营稳健财务运作、效益提升的基石。

2. 国际税收协定影响探究

国际税收协定旨在协调各国税收管辖权，避免双重征税，促进跨国经营税收公平与经济合作。协定基于各国税收主权平等协商，明确划分征税权，为企业跨境投资、经营提供确定性税务框架。

依据协定"常设机构"条款，企业在境外非居民国设立机构、场所，且达到持续性、经营性标准，当地方可征税。如某建筑央企在泰国承接铁路项目，依中泰税收协定，仅当在泰常设机构利润归属于该机构部分，泰方有权征税，避免项目整体利润被两国重复课税，保障企业合理利润留存，提升国际竞争力。

税收抵免条款助力企业消除国际重复征税负担。我国企业境外所得已纳所得税，依协定可在国内申报时限额抵免，限额依国内税率与境外应税所得计算。该央企在马来西亚项目缴纳所得税后，回国申报依协定抵免，避免同一笔利润双重纳税，优化全球税负配置，激励企业拓展海外业务，合理调配资源，融入国际产业链分工。协定还为企业跨境资金流动、利润汇回疏通渠道，防范税务争议，增强跨国经营财务稳健性。

3.跨国经营税收筹划与风险防范

跨国经营中，税收筹划是企业优化税负、提升效益的战略举措，但复杂国际税制下，潜在风险不容小觑。

转移定价风险常现，企业集团内部关联方交易，借不合理定价转移利润至低税区，侵蚀高税国税基，引致税务机关关注。某建筑央企通过集团内材料购销、劳务提供转移定价，将高税负地区项目利润转至低税负地区，一旦被美国、德国等税务机关识破，面临补缴税款、高额罚款及声誉损害，筹划时需依公平交易原则定价，备足同期资料佐证合理性。

常设机构认定风险亦突出，项目执行中，企业在境外临时机构、场所运作超过协定时限、范围，被认定为常设机构，当地税务机关扩权征税。央企海外项目临时办事处、施工场地存续期、业务活动若触碰当地常设机构界定红线，将额外承担纳税义务，项目前期应精准评估，合理规划机构设置、运营模式，确保合规运营。

合理税收筹划可助企业减负增效。某建筑央企承建俄罗斯高铁项目，利用当地经济特区税收优惠，将配套零部件生产布局特区，享企业所得税减免、进口设备关税豁免；劳务用工上，依据中俄协定合理安排中方员工赴俄时长，避免构成常设机构，降低个税预提税负；资金融通层面，借背对背贷款等架构，降低利息预提税，提升资金回流效率。但全程严守当地法规，如实申报纳税，构建税务风险预警机制，确保筹划落地稳健，为国际项目财务健康护航。

二、外汇管理与汇率风险

（一）外汇管制政策影响

1.项目所在国外汇管制政策解读

外汇管制政策作为国家经济调控的关键手段之一，对国际施工项目的财务运作有着深远影响。以某建筑央企在印度尼西亚承接的铁路项目为例，深入剖析项目所在国外汇管制政策的多维度约束。

在外汇兑换限制方面，印尼政府对外汇兑换实施严格管控。当地货币印尼盾与外币兑换需遵循特定审批流程，企业日常运营中，如因设备采购、外籍员工薪酬支付等需兑换外币时，需向印尼央行或指定银行提交详尽的交易背景资料，包括合同、发票、报关单等，经审核通过后方可兑换，且兑换额度受企业经营规模、行业类别等因素制约，这使得项目资金筹备的灵活性大打折扣，资金周转效率面临挑战。

资金汇出汇入规定同样严苛。项目利润汇回母国时，印尼税务机关要求企业提供完税证明、审计报告等一系列合规文件，经层层审批，耗时冗长，且对汇回金额设置比例上限，以防资本过度外流。在项目建设初期，中方企业注入启动资金时，银行依据印尼央行指令，对资金来源、用途进行深度核查，确保资金流向符合国家产业规划与外汇管制目标，资金到账周期延长，增加项目前期筹备成本与不确定性。

外汇账户管理层面，企业需在印尼当地银行开设外汇账户，账户资金收支受实时监控。账户分类细致，如经常项目账户、资本项目账户，资金混用严格受限。项目工程价款收入须进入指定经常项目账户，用于原材料进口、劳务费用支付等与项目直接相关的支出；资本项目账户资金变动则关联投资、长期贷款等，每笔大额资金进出均需提前报备，账户信息定期向央行报送，确保外汇资金流动透明可控，却也为企业资金调配增设诸多关卡，增加财务管理复杂性与运营成本。

2. 应对外汇管制策略探讨

面对外汇管制挑战，企业需从资金结构、融资渠道、汇回方式等维度精准施策，保障项目资金链稳健。

优化资金结构是关键一环。项目启动前期，依据印尼外汇管制政策预估项目各阶段资金需求，合理规划自有资金、国内贷款、当地融资比例。施工前期，加大自有资金投入，降低初期对外汇兑换与资金汇入依赖；施工中期，结合项目进度款回笼，适当引入当地银行短期流动资金贷款，缓解资金压力，减少跨境资金频繁调动，规避管制风险。如某建筑央企在印尼铁路项目中，前期投入 30% 自有资金，保障关键设备采购与前期筹备，中期依项目盈利前景获当地银行2 000万美元授信，补充资金缺口，确保项目稳步推进。

融资渠道多元化为项目注入活力。一方面，挖掘当地融资资源，与印尼本地金融机构建立深度合作，凭借项目未来收益权抵押、母公司担保等形式获取印尼盾贷款，降低汇率波动与外汇管制双重风险，贷款资金用于支付本地劳务、采购本地建材，契合资金闭环管理要求；另一方面，借助国际金融组织贷款，如亚洲开发银行专项基建贷款，其贷款发放与使用遵循国际惯例，受项目所在国外汇管制干扰少，资金可定向用于进口关键技术设备，保障项目技术标准与建设进度，拓宽资金流入路径，分散单一融资渠道受限风险。

灵活设计利润汇回方式确保收益落袋为安。企业可采用阶段性利润汇回策略，依据印尼外汇政策松紧周期、企业自身资金需求节奏，在政策宽松窗口期，集中办理完税手续，优先汇回急需资金，满足母国运营资金周转、债务偿还需求；剩余利润留存当地，用于再投资、设备更新或应急资金储备，提升资金使用效益。同时，探索跨境贸易结算创新模式，利用易货贸易、反向贸易抵消部分应付款项，减少现金汇出需求，将外汇管制对利润汇回阻碍转化为优化跨国经营资金布局契机，保障国际项目财务可持续。

（二）汇率波动风险评估与应对

1.汇率波动对项目财务影响机制分析

汇率波动犹如一把双刃剑，贯穿国际施工项目始终，深刻影响项目成本、收入与利润。

在项目成本端，进口设备材料采购占比最大。当项目所在国货币贬值，以该国货币结算的进口物资，换算为人民币或企业记账本位币时成本骤升。某建筑央企在东南亚某国铁路项目，施工前期需从中国进口大量钢轨、扣件等关键材料，合同约定以当地货币结算。项目执行期间，该国货币兑人民币贬值15%，导致采购成本飙升，原本1 000万元人民币的材料，按新汇率结算竟高达1 176万元，给项目成本管控带来巨大压力。外籍员工薪酬成本亦受波及，若以美元或欧元支付外籍专家薪资，当地货币贬值，兑换外币时需支出更多本币，人力成本水涨船高，压缩利润空间。

于项目收入而言，若项目收入以当地货币计价，汇率下行则收入折换为母国货币或项目预算货币时大幅缩水。上述铁路项目部分工程款依合同按当地货币结算，交付运营期当地货币贬值，致使换算成人民币的收入减少，盈利预期大打折扣，影响企业资金回笼与再投资能力。

利润层面，成本上扬与收入缩水双重挤压下，项目利润堪忧。据该央企项目财务报表数据，汇率波动剧烈年份，因成本增加、收入减值，项目利润率下滑 8~12 个百分点，甚至在极端波动下，部分项目陷入亏损泥沼，凸显汇率风险管理紧迫性，关乎企业海外战略成败与可持续发展根基。

2. 汇率风险评估模型应用

精准量化汇率风险是应对挑战的关键，敏感性分析与 VaR 模型成为有力工具。

敏感性分析基于"单因素变动"原理，聚焦汇率单一变量，剖析其波动对项目财务指标的边际影响。以某建筑央企非洲铁路项目为例，设定其他条件恒定，仅汇率在 ±5%、±10% 等幅度变动，输入项目成本、收入预算模型。当汇率升值 10%，以美元计价进口设备采购成本降低，带动项目总成本下降 7%，利润提升 12%；反之，汇率贬值等额幅度，成本攀升使利润锐减 15%，直观展现利润对汇率波动敏感性，助企业洞悉关键风险敞口，提前规划应对策略。

VaR 模型（风险价值模型）从概率视角出发，衡量在特定置信区间与持有期内，汇率波动致项目价值潜在最大损失。如该央企欧洲高铁项目，选定 95% 置信水平、3 个月持有期，依据历史汇率数据模拟数千次波动情境，结合项目现金流量、资产负债结构建模测算。结果显示，VaR 值为 500 万元人民币，意即在未来 3 个月、95% 概率下，汇率波动引发项目损失不会超此限额。模型为企业设定风险"警戒线"，依风险偏好灵活调整参数，动态监控、精准预警，确保项目财务稳健运营。

3. 汇率风险应对措施

为有效缓冲汇率波动冲击，企业多管齐下，综合运用自然对冲、套期保值、合同约定等策略。

自然对冲策略强调调整项目收支货币结构，力求货币错配风险内部抵消。某建筑央企在拉美公路项目，鉴于当地货币波动频繁，增加当地原材料采购、劳务雇佣比例，使项目成本端更多以当地币结算；同时，积极与业主协商，提高美元计价工程款比例，收入端美元占比升至 60%。收支货币匹配优化后，汇率波动对项目净现金流影响显著削弱，部分波动风险于项目内部"消化"，稳定财务收益。

套期保值借助金融衍生工具"保驾护航"。企业与银行签订远期外汇合约锁定未来汇率，规避不确定性。某央企中东铁路项目开工时，预计未来 1 年需多次兑换美元支付进口设备款，遂与银行签 1 亿美元远期购汇合约，锁定汇率。项目执行中，即便市场汇率大幅波动，企业按合约汇率兑换，有效控制成本，规避汇兑损失，确保项目预算可控。货币期货、期权等工具亦按需选用，依汇率走势灵活行权，为项目收益"兜底"。

合同约定汇率调整条款为项目增设"安全阀"。在项目商务谈判阶段，企业根据项目周期、汇率波动历史争取有利条款。如某建筑央企亚太地区轻轨项目，合同约定若施工期内当地货币兑美元波动超 ±8%，双方依波动幅度相应调整工程款结算汇率，共担风险。运营期，当地货币贬值触及调整阈值，企业依约重算收入，挽回汇兑损失，保障合理利润，凸显合同管理在汇率风险管理中的前置屏障效能，为项目平稳运营筑牢根基。

第二节　跨国货币管理与汇率风险控制

一、跨国货币资金管理理论基础

（一）跨国货币资金管理内涵与目标

跨国货币资金管理是指跨国企业或项目在全球范围内，对其所涉及的多种货币资金进行统筹规划、筹集、运用、调配以及风险防控等一系列活动的总和。对于某建筑央企而言，其承接的海外铁路或高速公路项目往往分布于不同国家，面临着各异的货币环境、金融法规与市场条件。在此情境下，跨国货币资金管理涵盖了从项目启动资金的筹措，到施工过程中资金的合理分配与高效运用，再到项目收尾阶段资金的回笼及利润汇回等诸多环节。

其核心目标在于确保项目资金链的稳定与顺畅，提升资金的使用效率，降低资金成本，并有效防控各类资金风险。一方面，通过精准预测项目各阶段的资金需求，制订科学合理的资金计划，避免资金短缺导致项目延误或停滞；另一方面，优化资金配置，将闲置资金充分利用，实现资金增值，增强项目盈利能力。同时，密切关注汇率波动、外汇管制政策变化等风险因素，采取相应措施予以应对，保障项目资金的安全与价值稳定，进而契合企业整体的战略发展需求，提升企业在国际市场中的竞争力。

（二）多币种资金池管理理论依据

多币种资金池的构建与运作蕴含着丰富的理论基础。首先是资金集中管理理论，该理论主张将分散于不同地域、项目的资金集中起来，形成规模效应，统一调配与运用。对于某建筑央企的海外铁路或高速公路项目而言，各项目点因施工进度、合同付款节点不同，资金盈余与缺口状况各异。通过多币种资金池，可打破地域限制，将这些碎片化资金汇聚，实现1+1>2的协同效应，提升整体资金的利用效率与效益。

协同效应理论在此也发挥关键作用。不同国家或地区的项目资金在资金池内相互融通，资金盈余项目可为短缺项目提供及时支持，避免单个项目因资金链断裂而受阻，保障整体项目群的稳定推进。就像在某铁路项目建设中，前期轨道铺设环节资金需求大，而临近竣工的站点设施建设项目资金相对宽裕，资金池可促使资金在两者间合理流动，确保各环节紧密衔接。

风险分散理论同样不容忽视。国际市场上汇率、利率波动频繁，不同币种资金受影响程度不一。多币种资金池持有多种货币，类似构建投资组合，降低单一币种波动带来的冲击，分散因货币风险引发的财务损失，为海外项目资金安全保驾护航。

二、建筑央企海外项目货币资金管理现状——以铁路、高速公路为例

（一）项目资金管理特点

1. 资金规模大、周期长

以某建筑央企在海外承接的铁路项目为例，其线路全长数百千米，贯穿

多个地区，旨在构建区域交通骨干网络，促进当地经济互联互通。项目前期筹备阶段，需投入巨额资金用于地质勘察、线路规划设计、环境影响评估等工作，仅勘察环节就涉及派遣专业团队、租用先进设备，耗费数月时间，资金支出高达数千万元。进入建设阶段，大规模的土石方工程、桥梁隧道搭建、轨道铺设等施工任务同步推进，各类大型机械设备租赁、海量建筑材料采购以及数以万计的施工人员薪酬支付，使得资金需求呈持续高位状态。例如，在某一时段，为保障关键路段施工进度，每日的资金投入高达数百万元。即便项目进入运营初期，由于运营成本回收缓慢，仍需持续投入资金用于设备维护、运营管理、市场营销等方面，以确保线路平稳运行，吸引客流与货源，逐步实现收支平衡。整个项目从启动到实现预期盈利，周期往往长达数年甚至十余年，期间资金的持续调配与稳定供应面临巨大考验。

2. 涉及币种多

在项目结算过程中，国际通行的美元常被用作主要计价货币，用于与业主方结算工程款，因其稳定性与广泛接受性，利于降低汇率风险、保障资金回流。部分欧洲设备供应商在提供先进的铁路信号系统、机车车辆等高端装备时，倾向于使用欧元结算，以规避自身货币风险，确保贸易利益。而在项目实施当地，为满足日常运营开销，如雇佣当地劳工、采购本地砂石料、支付水电费等，当地货币成为必不可少的支付手段。这就使得项目资金管理需同时应对多种货币的收支、兑换、核算等复杂事务，对财务管理系统的兼容性与精准度提出极高要求。

3. 资金来源广

自有资金作为项目启动基石，源于企业多年积累的留存收益，体现企业实力与战略决心，为项目前期筹备提供关键资金支持，如支付项目可行性研究、初期办公场地租赁等费用。银行贷款是项目资金的重要支柱，国内政策性银行基于国家对外合作战略考量，为项目提供长期低息贷款，助力大规模工程建设推进；国际知名商业银行则依据项目商业前景、企业信用评级给予商业贷款，满足设备购置、原材料进口等阶段性大额资金需求。债券发行成为大型项目融资新路径，企业面向全球资本市场发行专项债券，凭借项目未来收益预期吸引国际投资者认购，拓宽资金募集渠道，降低资金成本。国际金融机构融资为项目增信赋能，世界银行、亚洲开发银行等机构聚焦项目对地区发展的综合效益，为契合其发展目标的项目提供优惠贷款、赠款或混合融资，助力项目提升技术标准、兼顾社会与环境效益，推动项目可持续发展。不同资金来源附带各异的条件与成本结构，如银行贷款的利率、还款期限、担保要求，债券的票面利率、发行期限、兑付规则，国际金融机构融资的项目合规性、绩效评估指标等，均需项目团队精细权衡、优化组合，以构建稳健资金供应链。

（二）现有资金管理模式与挑战

1. 分散式资金管理弊端

在当前实践中，部分建筑央企海外项目仍采用分散式资金管理模式，以某海外高速公路项目为例，该项目全长数百千米，依据地理区域、施工难度等因素划分为多个标段，各标段由不同的项目部负责实施。各项目部在资金管理上相对独立，拥有各自的资金账户，依据自身施工进度、物资采购计划、劳务费用支付安排等进行资金收支操作。在项目前期筹备阶段，由于缺乏统一规划，各标段同时开展临时设施搭建、施工设备租赁等工作，资金需求集中爆发，却因分散管理无法实现资金的统筹调配，致使部分标段出现资金短缺，不得不延迟开工，而其他标段资金闲置，资金利用效率低下。

进入施工高峰期，分散式管理的弊端愈发凸显。一方面，各标段资金储备难以共享，遇到紧急资金需求，如关键路段因地质变化需追加工程抢险资金，或进口关键施工设备需提前支付尾款时，只能依靠自身有限的银行存款或临时向银行申请贷款，不仅融资成本高，还可能因审批流程耗时导致工程延误；另一方面，资金信息分散在各个项目部，总部难以及时、精准掌握项目整体资金状况，无法提前预判资金风险，制定科学合理的资金应急预案，使得项目资金链稳定性受到极大威胁，整体项目推进受阻，成本超支风险剧增。

2. 外汇管制与政策差异影响

不同国家的外汇管制政策对建筑央企海外项目资金管理形成诸多阻碍。部分国家对外汇流出实施严格审批制度，以某铁路项目所在国为例，该国为平衡国际收支，规定企业大额外汇汇出需提前数月提交详细资金用途说明、合同文件、完税证明等资料至外汇管理部门审核，审核流程繁琐复杂，且通过率较低。这使得项目在向国内母公司汇回利润、偿还跨境贷款本息，或向境外设备及材料供应商支付货款时，资金常常滞留境内，延误支付期限，不仅影响企业信誉，还可能引发供应商停止供货、加收违约金等连锁反应，打乱项目施工节奏，增加项目成本。

外汇兑换限制同样棘手，一些国家货币汇率波动剧烈，为稳定本币汇率，对外币兑换设置重重障碍。如当地银行限定每日外币兑换额度，对于项目所需的大量外汇兑换需求难以满足，迫使项目只能寻求黑市交易，承担高昂的兑换成本与法律风险。此外，各国税收政策、会计准则差异显著，在项目成本核算、利润确认、税费缴纳等方面，企业需依据不同规则分别处理，增加财务管理复杂性与合规成本，稍有不慎便可能陷入税务纠纷，影响项目正常运营。政策频繁变动更是雪上加霜，项目所在国出于宏观经济调控目的，突然调整外汇政策，如提高外资企业外汇存款准备金率、改变汇率形成机制等，企业往往措手不及，资金管理策略瞬间失效，面临巨大的运营风险与财务损失。

3. 汇率波动冲击

汇率波动对建筑央企海外项目成本收益核算产生深远影响。以某海外铁路项目为例，项目建设周期长达数年，合同签订时以美元计价结算工程款，但施工过程中涉及大量当地货币支出，如雇佣当地劳工、采购本地砂石料等。在项目实施期间，若当地货币对美元大幅贬值，意味着同样数量的美元可兑换更多当地货币，从成本角度看，以当地货币计价的采购成本、劳务费用等换算为美元后大幅增加，项目总成本飙升；而从收益端看，由于工程款以美元结算，收入并未因当地货币贬值而提升，致使项目利润空间被严重压缩，甚至可能出现亏损。

汇率波动还对项目资金的实际价值造成冲击。项目资金在跨境流动、账户留存过程中，因汇率变化，资金价值时刻处于变动状态。若项目在某一时点持有大量当地货币存款，准备用于后续工程支出，而当地货币突然贬值，这些存款兑换成美元或人民币等硬通货时大幅缩水，项目可用资金减少，资金链紧张加剧。同时，汇率波动的不确定性使得项目预算编制难度陡增，企业难以精准预估未来资金需求与收益，资金配置计划频频调整，进一步增加管理成本与决策失误风险，削弱项目抗风险能力与盈利能力。

三、多币种资金池管理策略

（一）多币种资金池构建

1. 合作银行选择

合作银行的抉择是构建多币种资金池的关键开篇。某建筑央企在筛选合作银行时，着重考量以下核心要素：国际业务经验与专长位居首位，银行需深度洞悉全球主要经济体的金融法规、外汇政策及市场动态，如熟知"一带一路"共建国家货币管控细节，能为企业跨境资金运作精准导航；广泛且高效的全球网络布局不可或缺，分支网点应覆盖项目所在国的关键区域，确保资金收付、汇兑流畅无阻，以花旗银行、汇丰银行等国际大行在新兴市场的布局为例，其能满足建筑央企在亚洲、非洲等地项目的实地金融服务需求；服务能力与响应效率是关键指标，涵盖个性化现金管理方案定制、实时资金信息推送、专业外汇交易指导等，如提供 24 小时不间断的线上线下双语服务，及时响应企业突发资金调配诉求；资金安全保障体系更是基石，银行需具备稳健的风控机制、充足的资本储备及国际权威评级背书，让企业资金在复杂多变的国际金融浪潮中稳如泰山。经过严谨的招标、实地考察与同业比对流程，某建筑央企选定花旗银行、中国银行等作为核心合作伙伴，为多币种资金池搭建坚实金融桥梁。

2. 账户架构设计

账户架构犹如多币种资金池的"骨架"，支撑着整个资金流转体系。某建筑央企精心构筑起三层式账户架构：集团总部设立主资金池账户，坐落于国际金融中心，如中国香港或新加坡，掌控全局资金流向，承担资金归集、战略调配与对外投融资枢纽职能，宛如"大脑"统御全局；区域中心依据项目集群分布，在东南亚、中东、非洲等区域设立二级账户，作为资金中转与区域协调的关键节点，一方面承接总部指令，另一方面适配区域内资金时差与业务节奏，对下辖项目公司资金进行实时监控与灵活调剂；项目公司作为终端设立三级账户，扎根项目一线，与当地供应商、劳务方紧密对接，满足日常工程款支付、物资采购、薪酬发放等基础资金需求，所有收支信息实时反馈上层，形成资金闭环管理。例如，在某海外高铁项目中，当地项目公司每日工程价款收入实时归集至区域中心账户，区域中心依据总部资金规划与项目优先级，于夜间非工作时段批量划转至总部主账户，确保资金在全球不同时区高效协同，无缝衔接。

3. 资金归集与分配规则

科学合理的资金归集与分配规则是多币种资金池顺畅运行的"血液"循环机制。某建筑央企依据项目特性、战略意义、资金成本与收益预期等维度精细制定规则：按项目优先级排序，关乎国计民生、具有重大战略示范效应的高铁项目或对区域经济有强拉动作用的高速公路骨干线项目优先保障资金，在资金紧张时确保关键施工节点资金足额供给；考量资金成本，对低息贷款或自有资金支持项目，合理放缓归集节奏，减少外部高成本融资依赖，如利用国内政策性银行长期低息贷款的项目，依据还款计划优化资金留存与上缴安排；兼顾资金紧急程度，面对突发工程抢险、关键设备紧急采购等状况，开辟绿色通道，及时从资金池调配应急资金，如某高铁项目隧道施工遭遇地质灾害，紧急资金需求经总部审核后，半小时内完成资金下拨，确保抢险工作火速展开。同时，运用先进资金管理系统，实时监测各项目资金余额、流量、预测缺口，以大数据分析驱动资金智能分配，实现资金效益最大化。

（二）资金池内部运作与协同

1. 内部资金融通机制

内部资金融通是多币种资金池发挥效能的关键传动齿轮，驱动着项目资金的高效流转。某建筑央企的资金池构建了完备的内部资金融通机制，涵盖内部贷款、委托贷款、资金拆借等多元方式，精准适配不同项目的资金需求场景。

在内部贷款维度，以该企业位于东南亚某国的铁路项目为例，项目启动初期，轨道铺设工程急需大量资金购置特种钢材、进口先进铺轨设备，而工程款支付存在一定滞后周期。此时，资金池依据项目详尽的资金预算与施工进度计划，参照集团内部优惠贷款利率，迅速为其发放为期一年、金额达数千万元的内部贷款，确保关键施工环节无缝衔接，避免因资金断档而延误工期。这种内部贷款不仅手续简便、审批快捷，相较于当地银行商业贷款，利率低 3~5 个百分点，大幅削减了项目初始融资成本，为项目前期攻坚注入强劲动力。

委托贷款模式在应对复杂资金往来时优势尽显。当企业在中东地区的某高速公路项目资金盈余，欲支持非洲区域另一处于路面施工关键期、资金吃紧的公路项目时，受当地外汇管制与法规约束，无法直接拆借资金。于是，通过委托贷款形式，委托双方信赖的国际知名银行作为中介，按照预先设定的合规利率、贷款期限与资金用途，精准将资金输送至需求项目，既绕开政策壁垒，又保障资金安全、合规流动，实现跨区域项目间的资金扶持。

资金拆借作为应急资金融通的"速效救心丸"，在突发状况下作用斐然。如某铁路项目突遇地质灾害，隧道施工段急需紧急抢险资金用于加固支护、抽排水作业，资金池在数小时内协调临近资金宽裕的项目公司，以拆借方式提供数百万元应急资金，解燃眉之急，待项目恢复正常、资金回笼后迅速归还，确保整体项目群平稳应对突发风险，维系资金链韧性。借助这些灵活多元的内部融通手段，资金池宛如内部金融市场，充分盘活闲置资金，将项目间的资金供需精准匹配，极大降低对外部高成本融资的依赖，强化项目资金自给自足能力，为海外项目稳健推进筑牢根基。

2. 资金余缺调剂优化

资金余缺调剂是多币种资金池优化资金配置、提升效益的核心环节，依托精准的资金预测模型与先进信息系统得以高效实现。某建筑央企运用大数据、人工智能技术构建的资金预测模型，深度整合项目合同付款条款、施工进度计划、物资采购周期、汇率波动趋势等海量数据，以日为单位滚动预测各项目未来资金流状况，精准定位资金盈余与缺口时段及规模。

在信息系统支撑方面，集团搭建的跨境资金管理系统（TMS）与全球各项目公司财务系统实时直联，打破地域与时差壁垒，实现资金信息的即时采集、传输与共享。通过系统内置的智能算法，一旦监测到某项目存在资金盈余，即刻触发调剂指令，依据预设优先级规则与其他项目资金需求匹配，在合规框架内自动完成资金划转，全过程无须人工干预，高效且精准。

以某建筑央企在非洲的公路项目群为例，项目 A 因提前完成路基施工，收到业主阶段性付款后资金充裕，而同期项目 B 因进口沥青、机械设备付款集中，面临短期资金缺口。TMS 系统实时捕捉这一资金供需动态，经总部资金管理中心复核确认后，迅速将项目 A 适量资金调剂至项目 B，确保 B 项目材料按时采购、设备正常租赁，施工进度按计划推进。据统计，通过常态化的资金余缺调剂，项目群整体资金闲置率降低约 15%，外部融资频次减少 20%，每年节省可观的融资成本与汇兑损失，资金周转效率显著提升，犹如为项目群注入源源不断的活力，保障各项目在复杂多变的海外环境中协同共进、高效运营。

（三）风险管理与监控

1. 外汇风险敞口管理

外汇风险敞口管理是多币种资金池稳健运行的关键防线。某建筑央企采用净额结算、匹配币种、外汇衍生品对冲等多元策略，严密管控外汇风险敞口。

净额结算机制上，企业借助集团内部先进的资金管理系统，对各项目公司在不同币种下的应收应付款项进行实时归集与轧差处理。以某海外铁路项目群为例，项目 A 与当地供应商签有长期供货合同，每月需支付当地货币结算的货款，同时向业主收取以美元计价的工程款；项目 B 则相反，从境外进口设备用美元付款，而劳务费用以当地货币支付。通过系统每日自动净额结算，将两项目同币种的收支轧差，只需对轧差后的净额进行外汇兑换与支付，大幅削减外汇交易频次，降低因汇率波动带来的不确定性风险。据统计，实施净额结算后，该项目群每月外汇交易笔数减少约 30%，汇兑损失降低近 20%。

匹配币种策略层面，企业在项目前期商务谈判与合同签订环节，精心规划资金收付币种结构。对于预期当地货币收入稳定的项目，优先安排以当地货币支付采购、劳务等成本费用，缩小外汇风险敞口。如某建筑央企在东南亚某国的高速公路项目，因运营期通行费收入以当地货币为主，便与当地砂石料供应商、施工劳务队协商，以当地货币结算，减少美元兑换需求，确保资金流在币种匹配上形成闭环，降低汇率波动对项目利润的直接冲击。

外汇衍生品对冲方面，企业依据项目外汇风险敞口规模、期限及汇率走势预期，审慎选用远期外汇合约、货币期货、货币期权等工具。当某海外铁路项目预计未来一年内有大额美元工程价款收入，但施工过程中需持续支出当地货币，且汇率波动加剧时，企业与合作银行签订远期外汇合约，锁定未来特定时点美元兑当地货币的汇率，提前规避汇兑损失风险。同时，在运用外汇衍生品过程中，企业建立严格的风险评估模型，实时监控市场动态，依据风险阈值适时调整持仓，确保衍生品运用风险可控，为项目资金安全与效益保驾护航。通过上述综合策略运用，某建筑央企在海外项目的外汇风险敞口得到有效管控，项目资金价值稳定性显著增强，为项目持续盈利筑牢根基。

2. 流动性风险防控

流动性风险防控关乎多币种资金池的"生命脉搏"，确保资金随时按需流动，满足项目运营需求。某建筑央企设定流动性指标、储备应急资金、优化资金计划，全方位保障资金池流动性。

在流动性指标设定上，企业运用大数据与财务模型，结合项目历史资金流数据、合同付款进度、季节性施工波动等因素，为各项目公司及资金池整体制定精细的流动性指标体系。涵盖现金比率、流动比率、营运资金周转率等经典指标，并根据海外项目特点加权优化，设定预警阈值。例如，规定项目公司现金比率低于 20% 时触发黄色预警，需总部关注资金调配；低于 10% 则亮红灯，即刻启动应急措施，确保资金链不断裂。

应急资金储备层面，企业依据项目规模、风险等级，从自有资金、银行授信额度中专项拨备应急资金，存放于流动性强的低风险账户，确保紧急时刻迅速支取。如某海外铁路项目穿越地质复杂区域，面临突发地质灾害抢修风险，企业预留项目合同额 5% 的应急资金，由总部与当地银行协同监管。一旦遭遇隧道塌方、桥梁受损等紧急情况，可在 24 小时内完成资金解冻与拨付，保障抢险物资采购、专业救援团队雇用等资金需求，确保项目尽快恢复施工。

资金计划优化方面，企业以项目全生命周期为主线，按年度、季度、月度、周度层层细化资金计划，精准匹配资金流入流出节奏。每月依据项目实际进度、变更调整、政策法规变动等因素，滚动更新次月资金计划，动态调整资金归集与分配方案。例如，某高速公路项目在雨季来临前，提前预判施工放缓、材料采购减少，适度放缓资金归集速度，优先保障关键路段排水设施建设资金，确保项目在不同工况下资金供需平衡，流动性充裕，平稳推进项目建设。

3. 合规监控体系建设

合规监控体系是多币种资金池规范运作、稳健发展的制度根基。某建筑央企建立法规跟踪、内部审计、风险预警机制，全方位保障资金池运作合法合规。

法规跟踪机制下，企业设立专门的海外法规研究团队，密切关注项目所在国及国际金融领域法规政策动态。针对外汇管制、税收政策、跨境资金流动法规等关键领域，每日收集、整理、分析官方公告、政策解读，及时向项目公司推送法规变动要点及应对建议。如某国出台新外汇管制政策，限制外资企业利润汇出额度与频次，法规团队第一时间解读政策细则，协助项目公司调整资金回流计划，提前布局本地再投资或跨境资金池内资金调剂，确保项目资金运作无缝衔接新规要求。

内部审计层面，企业构建常态化、多层次内部审计体系。定期审计涵盖季度常规审计、年度全面审计，聚焦资金池账户管理、资金归集分配流程、内部融通合规性等核心环节；专项审计针对外汇交易、重大资金支出、高风险项目资金运作进行突击审查，深挖潜在风险隐患。审计团队由总部资深财务专家、外部审计机构专业人员联合组成，运用大数据审计工具，全量分析资金交易数据，交叉比对业务凭证、合同协议，确保资金流向清晰、操作合规合法，对审计发现问题即刻整改，形成管理闭环。

风险预警机制方面，企业借助智能风控系统，整合资金流、汇率、利率、政策法规等多维数据，运用机器学习算法构建风险预警模型。实时监控资金池关键指标，一旦触及预设风险阈值，如外汇交易异常波动、资金归集延迟、合规指标偏离等，系统自动向管理层、项目公司、资金运营团队发送预警信息，同步推送风险应对预案。例如，当系统监测到某项目公司连续两日资金归集未达计划 80%，且无合理业务解释时，即刻启动预警，督促项目公司排查资金流向、解决支付障碍，保障资金池整体健康平稳运行，为海外项目持续推进营造稳健合规金融生态。

四、汇率风险管理工具与技术应用

在建筑央企的海外业务拓展中，汇率波动带来的风险不容小觑。为有效应对这一挑战，企业可运用多种工具与技术，从金融衍生工具应用和运营策略调整两大维度进行全方位汇率风险管理。

在金融衍生工具方面，远期外汇合约是常用的避险手段。以某建筑央企在澳洲的大型基础设施项目为例，因项目需从日本进口大量先进施工机械且以日元结算，面对日元汇率的频繁波动，企业与合作银行签订了远期外汇合约。借助彭博资讯（Bloomberg）和路透社（Reuters）等专业金融数据平台提供的实时汇率数据与深度分析，银行运用复杂的 GARCH（广义自回归条件异方差）模型预测日元汇率走势，再与企业协商确定合约条款。针对半年后需支付的 5 亿日元设备款，双方约定以 1 日元兑换 0.055 元人民币的汇率交割。在项目执行期间，日元升值，若按市场汇率兑换，1 日元需 0.06 元人民币，通过该远期外汇合约，仅此一笔款项企业就节省了 250 万元人民币。不过，远期外汇合约虽灵活性高，能精准匹配企业外币收付需求，但流动性差，一旦签订难以更改或转让。像某东南亚建筑项目，因项目进度调整需提前交割远期外汇合约，企业与银行重新协商，耗费大量精力。而且场外交易存在信用风险，曾有小型建筑企业因交易对手信用问题遭受重大损失。

货币期货也是重要的汇率风险管理工具。以芝加哥商业交易所（CME）的英镑兑美元期货合约为例，其每份合约规模固定为 62 500 英镑，交割月份为每年 3 月、6 月、9 月、12 月。在某欧洲建筑项目中，企业预计半年后收到 500 万英镑工程款，为防止英镑贬值，借助盈透证券（Interactive Brokers）等专业期货交易平台，在期货市场卖出 40 份英镑兑人民币期货合约。随着市场变化，企业依据彭博终端（Bloomberg Terminal）提供的实时行情与技术分析指标，适时调整持仓。货币期货流动性强，交易便捷，但保证金杠杆特性放大了风险。2020 年外汇市场剧烈波动期间，部分建筑企业因保证金不足被强制平仓。同时，期货交易手续费等成本相对较高，增加了企业运营成本。

货币期权策略为企业提供了灵活的风险管理方式。例如在东欧的通信基础设施建设项目中，企业预计一年后收到 1 000 万当地货币单位的工程款，为防范当地货币贬值，通过高盛（Goldman Sachs）等金融机构购买了美元看跌期权。期权定价采用布莱克－斯科尔斯（Black-Scholes）模型，综合考虑汇率波动、利率、到期时间等因素。假设期权费为合约金额的 3%，即 30 万当地货币单位。若一年后当地货币贬值，企业可行使期权，按约定汇率卖出美元，避免损失；若当地货币升值，企业则放弃行权，仅损失期权费。货币期权权利义务不对称，灵活性强，但期权费增加了风险管理成本，且定价复杂，需专业知识和团队支持。

从运营策略调整来看，采购策略优化是降低汇率风险的有效途径。在某中亚建筑项目中，企业原本从欧洲进口高端保温材料，后发现当地新兴供应商产品质量达标且价格更优，同时考虑到欧元结算的汇率风险，将部分采购订单转向当地。企业利用邓白氏（Dun & Bradstreet）等商业信息平台评估当地供应商信用与实力，通过与供应商多次谈判，争取以当地货币结算。这一策略不仅降低了汇率风险，还加强了与供应商的合作关系，获得价格优惠和优先供货保障。但实施过程中，企业需投入大量精力进行市场调研和供应商谈判，且在全球大宗商品价格受汇率影响较大时，仍可能面临间接成本波动。

定价策略调整也是应对汇率波动的关键。在某中东建筑项目中，因项目所在国货币对美元汇率波动，企业运营成本会因进口设备维修配件价格变化而改变。企业运用成本加成定价法，结合市场导向定价法，参考 IHS Markit 等市场研究机构提供的行业数据和竞争对手定价策略，灵活调整项目报价。当项目所在国货币贬值，进口配件价格上涨时，企业向当地交通主管部门提交成本变动报告，申请上调项目收费价格。同时，充分考虑市场承受能力，避免过度提价导致市场份额下降。通过合理定价，企业在保障盈利的同时，维持了市场竞争力。

债务结构合理安排同样重要。在某非洲大型建筑项目中，项目收入主要以当地货币结算。企业通过与当地银行、国际金融机构如世界银行（World Bank）和国际金融公司（IFC）协商，运用债务币种匹配技术，提高当地货币计价的贷款比例，降低外币债务敞口。同时，依据项目现金流预测，利用专业财务软件如甲骨文（Oracle）的财务管理模块，合理搭配短期、中期和长期债务。项目建设初期，争取世界银行提供的长期低息贷款；运营盈利后，引入中短期商业贷款，平滑还款高峰。通过优化债务结构，企业降低了汇率波动对偿债成本的影响，保障了项目资金链稳定，但这需要较强的财务管理能力和融资渠道拓展能力，在某些地区获取当地货币贷款或长期低息贷款存在一定难度。

第三节　国际税收规划与合规性挑战

一、国际税收筹划方法

（一）利用税收协定优惠

1. 税收协定关键优惠条款剖析

我国与众多国家和地区签有税收协定，这些协定蕴含诸多优惠条款，对跨国经营企业意义重大。以我国与塞尔维亚签订的税收协定为例，在股息方面，若塞尔维亚企业向我国居民企业支付股息，且我国居民企业直接或间接持有塞方企业股份不少于 25%，塞方所征预提税税率不应超过 5%，低于其国内税法规定税率，能有效降低股息汇回的税负。对于利息，协定规定特定情形下如政府间贷款、金融机构同业拆借等产生的利息，塞方免征预提税，为企业跨境融资提供优惠。特许权使用费上，协定限定塞方征税税率，技术转让、商标许可等所得预提税负担减轻，利于企业技术输出与品牌拓展。

常设机构认定条款同样关键，依据协定，建筑工地、建筑安装工程等持续时间未超过 12 个月通常不构成常设机构，我国建筑企业在塞短期施工项目，可不被视作常设机构纳税，避免当地所得税双重征税风险。税收饶让条款则确保企业在塞享受的减免税优惠能在国内得到认可，企业境外减免税额回国申报时可视同已纳税额抵免退税额，激励企业积极投身海外投资，提升国际竞争力。

2. 基于协定的投资架构规划案例

以匈塞铁路项目为典型范例，某建筑央企承担建设任务，项目前期深入钻研中塞税收协定，构建科学投资架构。在塞尔维亚设立全资子公司作为项目实施主体，负责工程建设、运营管理。母公司通过股权投入为子公司提供资金，子公司盈利后，依据协定低税率股息条款，向母公司分配利润时预提税大幅降低。且合理安排业务流程，确保子公司在当地运营未形成常设机构认定条件，规避额外所得税。项目采购环节，优先选用协定缔约国产品与服务，利用进口环节税收优惠,降低材料、设备采购成本,全方位享受税收协定红利,经精准筹划,项目整体税负降低约 15%,为企业创造可观经济效益。

3. 防范滥用协定风险要点

企业享受协定优惠时,须严守"实质重于形式"原则,避免被认定滥用。如在设立中间公司时,不能仅为套取优惠,要有实际经营活动、人员配置与办公场所,业务决策应独立,不受母公司过度操控。以在税收协定国设销售公司为例,若仅为转移利润、无实质销售职能,税务机关将质疑。企业应留存完备资料,包括公司运营文件、合同、财务报表等,证明经营真实性与合规性。定期内部审计,核查协定利用是否合规,发现问题及时整改,主动与税务机关沟通,遇疑难提前咨询,确保筹划方案合法有效,维护企业国际声誉与税收信用。

(二)转移定价策略

1. 转移定价原理与应用场景

转移定价是跨国关联企业调节利润、降低税负的关键策略。在国际税收领域,由于不同国家税率、税收政策差异显著,企业通过合理设定内部交易价格,可实现利润转移。原理在于利用各国税制"缝隙",高税负国家关联企业抬高向低税负国家关联企业出售货物、提供劳务、转让无形资产价格,或压低从低税负地区采购、接受服务价格,将利润汇聚至低税区,降低集团整体税负。

以某建筑央企海外高速路项目为例,项目涉及多国子公司协作,如在原材料采购环节,若母公司所在国企业所得税税率 30%,子公司所在国税率 15%,母公司以高于市场均价向子公司出售工程用钢材,子公司成本增加、利润降低,母公司利润上升,但因税率差,集团整体所得税缴纳减少。服务提供方面,母公司向子公司收取高额管理费、技术服务费,同样能调节利润流向。无形资产转让更是常见,专利、专有技术从高税国子公司低价转让至低税国子公司,后续子公司利用无形资产获取收益在低税负环境纳税,实现税负优化。

2. 转移定价方法选择与案例

常用转移定价方法有可比非受控价格法、再销售价格法、成本加成法。可比非受控价格法以非关联企业间同类交易价格为参照,要求找到高度可比交易,数据精准,如在高速路项目中,子公司从当地非关联供应商采购沥青,价格可作为关联采购参考,若母公司供应沥青价格偏离此基准过多,可能被税务机关质疑。

再销售价格法基于关联企业购进商品再销售给非关联方价格，倒扣合理利润确定关联交易价格，常用于商品流通环节。如子公司从母公司采购交通标识牌成品再销售，以当地市场同类产品再销售平均毛利率倒推采购合理价，确保子公司利润水平符合行业常规，避免过度利润转移。

成本加成法按成本加合理利润确定价格，关键是成本核算精准与加成率合理。高速路建设中，子公司为母公司提供路基施工劳务，以人工、材料、设备折旧等直接成本为基础，参考当地建筑劳务市场利润率加成，确定劳务结算价，既保障子公司盈利，又经得住税务审查。实际操作常多法并用、相互验证，依据业务特性、数据可得性灵活抉择，精准契合税务合规与筹划需求。

3. 文档准备与合规遵循

遵循转移定价法规，同期资料准备至关重要。企业需按规定编制主体文档，涵盖集团全球组织架构、业务描述、无形资产、融资安排等，展现集团运营全貌；本地文档聚焦本地企业功能风险分析、关联交易详情、可行性分析等，精准呈现本地业务与定价逻辑；特殊事项文档针对特殊交易如成本分摊、单边预约定价等进行专项说明。

以高速路项目塞尔维亚子公司为例，主体文档详述集团在欧洲区域架构、各成员分工及协同，解释塞尔维亚段高速路在集团战略地位；本地文档细析子公司负责路段施工、运营职能，关联交易如与母公司物资采购、技术服务收支逐项记录，对比当地同行类似交易定价，论证自身合理性；遇特殊成本分摊协议，如与他国子公司共担研发新型铺路材料费用，专项说明分摊基础、预期收益分配，确保税务机关审查时有据可依。企业还应定期评估转移定价政策，依税法变化、经营调整动态优化，严守公平交易原则，契合税务机关监管要求，防范调查风险，维护国际经营税务健康生态。

二、国际税务合规管理要点

（一）税务申报与缴纳合规性

1. 申报流程与期限详解

国际施工项目在不同国家或地区面临各异的税务申报流程。以塞尔维亚为例，当地税务申报依托电子税务系统，企业需先行注册并获取专属账号。每月企业要在规定期限内登录系统，填报增值税申报表，如实录入应税销售额、进项税额等关键数据，系统自动核算应纳税额。企业所得税按季度预缴、年度汇算清缴，季度终了15日内预缴申报，提交当季财务初步数据预估利润纳税；年度结束后4个月内完成汇算，全面梳理全年收支、成本、资产折旧等精细核算应纳税所得额，多退少补。

个人所得税申报较为复杂，针对雇员薪资代扣代缴部分，雇主每月发薪后10日内申报缴纳；个体经营者按年度申报，次年3月底前提交全年经营所得资料纳税。对于关税，货物进口通关时，企业向海关提交报关单、商业发票、提单等文件即时申报，海关依据货物种类、价值审定税率征缴税款，企业务必紧密关注各税种申报节点，避免逾期受罚。

2. 申报内容与缴纳方式

申报资料涵盖多方面，财务报表是核心，资产负债表呈现企业资产、负债、所有者权益状况，利润表展示项目盈利水平，现金流量表反映资金进出动态，为税务机关洞察企业经营提供全景视窗。税务报表依据当地税法定制，如塞尔维亚增值税申报表需明细列示本地销售、出口、进口业务对应税额，企业所得税申报表包含收入明细、成本扣除项、税收优惠享受明细等，精准反映应税情况。

税款缴纳方式多元，常见银行转账，企业依税务机关提供缴税账户信息，线上或线下操作完成资金划转；部分地区支持信用卡支付，小额税款缴纳便捷高效；还有电子钱包缴费，适应新兴支付潮流，企业可按需抉择，但无论何种方式，务必留存支付凭证，与申报记录匹配，保障缴纳流程可追溯、无差错。

3. 申报台账建立与管理

建立税务申报台账对国际项目意义重大，台账应记录申报日期、税种、申报金额、税款所属期、缴纳凭证编号等核心要素。每月申报增值税时，记录申报提交的5月1日—5月31日所属期税额、申报日6月15日及银行转账缴税凭证号；企业所得税预缴、汇算环节，详细留存各阶段数据变化。通过台账，企业能实时跟踪税务状态，精准掌握税款缴纳进度，预防逾期未缴风险。

安排专人负责台账维护至关重要，定期比对台账与税务机关通知、银行对账单，核查数据一致性，发现差异即刻溯源纠错。如遇税率调整、税收优惠政策变动，及时在台账上备注更新，为后续申报提供精准参考，全方位确保税务申报缴纳规范、有序，夯实国际经营税务根基。

（二）税务审计与争议解决

1. 国际税务审计类型与重点

国际施工项目面临多种税务审计类型，日常税务审计常不定期开展，类似"随机抽检"，税务机关依职权随时审查企业近期税务资料，如月度或季度增值税申报、发票使用情况，旨在监控日常纳税遵从度，确保税款按时、足额申报缴纳。专项税务审计则针对特定领域，聚焦关联交易，详查跨国关联企业间货物、服务、无形资产流转定价是否契合公平交易原则，防止利润转移避税；对于税收优惠享受，审计企业是否精准符合优惠政策资格、申报流程合规、优惠额度计算准确，杜绝骗取优惠；成本费用扣除审计着重核查费用真实性、合理性、关联性，像建筑项目临时设施搭建费、境外差旅费等，防止虚增成本削减应税所得。

以某建筑央企中老铁路项目老挝段为例，当地税务机关专项审计时，对中老关联企业劳务分包定价深入探究，比对当地同类型劳务市场价格，审查中方收取管理费是否合理；核查项目进口施工设备免税申报，确认是否满足中老税收协定与老挝税法规定的免税条件；对大额材料采购成本列支，追踪发票、合同、物流单证，核实成本真实发生，确保企业未违规侵蚀税基，维护老挝税收征管秩序与国家财政利益。

2. 应对审计策略与案例

仍以该中老铁路 EPC 项目为例，面对税务审计，企业积极筹备、妥善应对。审计通知下达后，迅速组建涵盖财务、法务、工程技术专家的跨部门应对小组，财务人员整理完备税务资料，按税种、年度分类归档合同、发票、报关单、纳税申报表等；法务人员审查合同涉税条款合规性，备好法律解释依据；工程技术人员协同解读项目成本构成、施工流程，阐释特殊费用合理性。

审计过程中，积极配合提供资料，主动邀请税务人员赴施工现场查看临时设施建设、大型设备安装调试，直观展现成本支出必要性；针对质疑，如部分劳务分包无当地可比价格，详细阐述中方施工标准、质量管控优势致成本略升，辅以成本明细核算表、国内类似项目成本参考数据；发现问题立行立改，某笔差旅费报销凭证不全，即刻补充完善，重核相关期间成本，补缴少缴税款，展现企业诚信纳税姿态，经有效应对，化解潜在税务风险，获当地税务机关认可，维系良好征纳关系，保障项目顺利推进。

3. 争议解决途径探讨

遇税务争议，协商谈判是首选路径，企业秉持专业、务实态度与税务机关沟通。如某建筑央企在泰国高速路项目，就混凝土预制构件进口关税税率争议，企业携国际商会《国际贸易术语解释通则》、中泰产业合作协议等资料，与泰国海关、税务部门多轮会商，详述构件生产技术标准、中方产业优势及对泰方基建助力，争取按优惠税率计税；若协商无果，依当地行政复议程序，在规定期限内向上级税务机关或复议机构申诉，提交详细复议申请报告，附证据资料、法规依据，请求重新审定争议事项；行政复议仍不满，在法律许可下，向当地法院提起税务诉讼，委托专业国际税务律师团队，精准剖析税法要义、诉讼要点，据理力争，全程严守当地司法程序，全力维护企业合法权益，力求税务处理公平公正，保障海外投资稳健运营。

第十二章　案例分析

第一节　成功项目的财务管理案例分析

一、项目概况与财务管理目标

（一）项目背景介绍

1. 项目基本情况

本案例选取国内具有代表性的成功施工项目——福厦高铁，它是中国首条跨海高铁，北起福州市，途经莆田市、泉州市，南至厦门市和漳州市，北端衔接合福铁路、温福铁路，南端衔接厦深铁路、龙厦铁路，是京福厦高速铁路客运通道和《中长期铁路网规划》（2016 年）"八纵八横"高速铁路网中东南沿海铁路客运通道的重要组成部分。正线全长 277.42 千米，沿线设 8 座客运车站，分别为福州南、福清西、莆田、泉港、泉州南、厦门北、漳州。项目估算总投资 530.4 亿元，由铁路总公司和福建省共同筹资建设，资本金占总投资的 50%。

2. 项目特点

福厦高铁在技术难度上极具挑战性，沿线需跨越湄洲湾、泉州湾、安海湾等 3 个海湾，桥隧比高达 85.1%，正线桥梁 84 座、隧道 29 座，其中包括多项创纪录工程。如泉州湾跨海大桥是全线施工技术难度最大、结构最复杂的工程，全年六级以上风力天数平均为 91 天，为保证高铁的高速度，增加泉州湾跨海大桥的抗风能力，主塔创新设计采用了曲线 H 型的桥塔，是一个贝壳分半的造型，流线状的结构设计，能够减少风力；同时主梁采用了带导流板的钢混结合梁，主梁的护栏也采用了减震护栏，包括144根斜拉索都采用了电蜗牛阻力器，减少了整个桥梁在面临大风或者台风来袭时的风震问题。还有湄洲湾跨海大桥，是国内首座跨海高铁矮塔斜拉桥，海域施工长度达10.8千米，为了缩短海上建设工期，除连续梁外，全部采用40.6米箱梁设计，施工难度极大。

施工环境也极为复杂，面临近海强风、强腐蚀、大潮差、地震带影响等诸多不利因素。在海洋环境下，海水对桥梁、隧道等基础设施的腐蚀性强，对建筑材料的耐久性提出了很高要求；地质条件复杂多变，全线途经高风险隧道4座，存在浅埋偏压、涌水涌泥、断层破碎带等不稳定因素，给隧道施工带来极大挑战。

3. 项目建设周期与运营模式

福厦高铁于2017年1月15日开工建设，2023年9月底建成开通运营，建设工期近7年。其间各个关键节点有序推进，如2019年9月16日，南峰隧道贯通，这是福厦高铁首条贯通的隧道；2020年12月25日，福厦高铁Ⅰ级高风险隧道——石竹山隧道贯通；2021年8月6日，泉州湾跨海大桥主桥成功合龙；2022年8月30日，福厦高铁全线铺轨贯通；2023年2月4日起，福厦高铁进入静态验收阶段，直至最终开通运营。

在运营模式上，福厦高铁由东南沿海铁路福建有限责任公司负责运营管理，采用委托运营模式，依托专业的铁路运营团队，保障高铁的安全、高效运行，为旅客提供优质的出行服务，同时实现项目的经济效益和社会效益。

（二）财务管理目标设定与实现情况

1. 资金筹集目标

福厦高铁项目估算总投资530.4亿元，由铁路总公司和福建省共同筹资建设，资本金占总投资的50%，即265.2亿元。其中，铁路总公司出资132.6亿元，福建省出资132.6亿元，福建省方资本金全部由设区市政府承担。剩余50%资金通过银行贷款等方式筹集，约265.2亿元。在项目启动阶段，制订了详细的资金筹集计划，明确各阶段资金到位时间节点。实际执行过程中，各方资金基本按照计划及时足额到位，保障了项目建设的顺利推进。如2017年开工当年，资本金到位率达到30%，银行贷款首批资金也顺利发放，为前期工程建设提供了有力支持。后续随着工程进度推进，资金按合同约定逐步到位，未出现因资金短缺导致的工程延误情况。

2. 成本控制目标

项目设定了总成本预算，依据设计方案、工程量清单以及市场价格信息，将总成本细化到土建、设备采购、安装调试等各个环节。土建工程预算为300亿元，包含桥梁、隧道、路基等基础建设费用；设备采购预算120亿元，涵盖铁轨、机车、通信信号等设备；安装调试预算30亿元，用于各系统的安装与调试作业。各项成本控制指标明确，如每千米桥梁建设成本控制在2亿元以内，隧道每延米成本控制在8万元左右。在实际建设过程中，通过优化施工方案、严格控制材料采购成本、提高劳动生产率等措施，成本控制成效显著。竣工结算后，土建工程实际成本280亿元，较预算节省20亿元；设备采购实际支出110亿元，节省10亿元；安装调试成本25亿元，节省5亿元，项目总成本控制在415亿元，低于预算115.4亿元，成本降低率达到21.8%。

3. 利润目标

预期项目盈利水平主要基于未来客运收入、货运收入以及相关附属产业收益。预计运营初期，年客运量达到3 000万人次，随着客流培育逐步增长，货运量每年可达500万吨。按照票价、货运价格体系及运营成本估算，预计年盈利10亿元，投资回报率（ROI）达到3.77%。截至2023年9月竣工结算，项目实际投资415亿元，结合运营前期收入情况测算，虽尚未完全达到预期盈利水平，但随着客流、货流进一步增长，盈利趋势向好，有望在未来5年内实现投资回报率目标。开通运营后的第一个完整年度，客运量达到2500万人次，货运量400万吨，实现盈利6亿元，已逐步接近预期利润目标，展现出良好的经济效益增长潜力。

4. 风险管理目标

确定可接受的风险水平为不影响项目整体进度、质量以及经济效益的实现，将风险损失控制在总投资的5%以内。针对市场风险，考虑到客流、货运需求可能不及预期，制定了灵活的票价、货运价格调整策略，以及加强市场营销拓展客源、货源的措施；技术风险方面，面对跨海高铁诸多技术难题，组织专家团队提前攻关，在设计阶段采用成熟可靠且具有创新性的技术方案，施工中严格按照技术规范操作，建立技术监测与反馈机制；自然风险应对上，针对近海强风、强腐蚀、地震带等因素，选用抗风、耐腐蚀材料，优化桥梁、隧道结构设计，制定应急预案。在项目实施过程中，虽遇到如台风期间施工受阻、个别技术难题攻关耗时等风险事件，但通过有效应对，未对项目造成重大损失。实际风险损失约20亿元，占总投资3.77%，处于可接受范围，风险管理目标有效达成，保障了项目顺利进行，同时维护了项目的经济效益与社会效益，如在应对台风灾害时，及时启动应急预案，加固施工设施，疏散人员，灾后迅速恢复施工，未造成人员伤亡，且将工程延误损失控制在最小限度。

二、财务管理策略与措施实施效果

（一）资金管理策略与成果

1. 资金筹集策略

福厦高铁项目在资金筹集方面采取了多元化融资渠道，以确保项目资金充足。一方面，积极争取国家政策支持资金，作为铁路重点项目，获得了中央财政专项补贴以及铁路建设基金拨款，这部分资金为项目提供了稳定且低成本的资金来源，约占总投资的20%；另一方面，发行铁路建设专项债券，面向社会公众和金融机构募集资金，凭借项目良好的前景和稳定的收益预期，吸引了大量长期投资者，债券融资占总投资的30%。同时，引入战略投资者，与大型国有企业、实力雄厚的民营企业等达成合作协议，以股权融资方式筹集资金，既优化了项目资本结构，又带来了先进的管理经验和技术资源，股权融资占总投资的10%。通过合理安排股权与债权融资比例，使项目资本结构趋于稳健，有效降低了资金成本和偿债风险，保障了项目建设的资金需求。

2. 资金使用监控与管理

在资金使用过程中，建立了严格的资金预算执行监控机制。由项目财务管理部门牵头，联合工程、物资等多部门，依据项目进度计划和预算安排，制订详细的月度、季度资金使用计划。每月末对各部门资金使用情况进行核对分析，确保实际支出与预算偏差控制在5%以内。通过信息化系统实时跟踪资金流向，对大额资金支出进行重点预警，杜绝资金挪用、浪费现象。

资金成本控制方面，积极与银行协商优化贷款期限和利率结构。根据项目建设周期和资金回流特点，合理安排长期贷款与短期贷款比例，在利率下行周期适时进行债务置换，降低综合资金成本。例如，项目初期银行贷款利率为基准利率上浮 10%，通过与银行重新谈判，结合项目良好信用评级，将贷款利率调整为基准利率下浮 5%，仅此一项每年节约资金成本约 2 亿元。同时，加强内部资金统筹调配，利用项目前期资金沉淀，进行短期理财投资，提高资金收益，进一步降低资金成本。从项目资金流量表数据来看，资金到位及时率达到 95% 以上，确保了工程建设的连续性；资金成本节约率达到 15%，有效提升了项目资金使用效益，为项目顺利推进提供了坚实保障。

（二）成本控制方法与效益

1. 成本预算编制精细化

福厦高铁项目在成本预算编制方面充分结合工程量清单与市场价格信息，制定了详细且精准的预算方案。以桥梁工程为例，根据设计图纸明确各类型桥梁（如跨海大桥、高架桥等）的工程量，包括桩基数量、桥墩高度、桥梁跨度等详细参数，结合市场调研获取的钢筋、水泥、钢材等原材料价格，以及劳务市场的人工成本，编制分部分项工程预算。对于泉州湾跨海大桥，依据其独特的设计与施工难度，考虑到曲线 H 型桥塔、带导流板的钢混结合梁等特殊结构所需的高性能材料及复杂施工工艺，精准核算成本。在预算编制过程中，还充分考虑了施工过程中的可能风险因素，预留一定比例的风险金，以应对如地质条件变化、材料价格波动等不确定性因素，确保预算的科学性与可行性，为项目成本控制提供了坚实基础。

2. 成本核算与分析体系建立

项目建立了定期成本核算机制，以月为周期进行成本核算。每月末，财务部门联合工程、物资等多部门，依据现场实际完成的工程量、材料消耗记录、设备使用台账等详细数据，进行成本核算。通过对比实际成本与预算成本，深入剖析成本差异原因。如在某一阶段隧道施工中，发现实际成本超出预算成本 5%，经详细分析，是由于地质条件变化导致开挖难度增大，炸药使用量增加，以及为应对涌水涌泥风险额外投入了排水设备与防护材料。针对这些差异原因，及时调整施工方案与资源配置，优化成本控制措施。同时，建立成本分析数据库，对各阶段成本数据进行整理归档，为后续项目成本管理提供参考依据，实现成本控制的动态化与精细化。

3. 成本控制措施有效执行

在施工过程中，福厦高铁项目采取了一系列有效的成本控制措施，并取得了显著成效。优化施工方案方面，针对湄洲湾跨海大桥海域施工难度大、工期紧的问题，采用 40.6 米箱梁设计代替传统设计，减少海上施工工序与作业时间，降低施工成本约 10%。在材料采购成本控制上，建立集中采购平台，整合全线物资需求，通过与供应商大规模集中谈判，获取更优惠的采购价格，如钢材采购价格较市场均价降低 8%，水泥采购价格降低 12%。同时，加强材料库存管理，运用信息化系统实时监控材料库存水平，避免积压浪费。提高劳动生产率方面，开展施工人员技能培训与竞赛活动，推广先进施工工艺，如隧道施工中的光面爆破技术，使单循环进尺提高 15%，人工成本降低 10%。通过这些成本控制措施的有效执行，项目实际成本得到有效控制，成本利润率从预期的 15% 提升至竣工结算时的 18%，成本降低率达到 21.8%，经济效益显著提升。

（三）风险管理实践与成效

1. 主要风险类型识别

福厦高铁项目面临多种风险，其中市场风险较为突出。由于高铁建设周期长，市场需求存在不确定性，如客流、货运需求受经济形势、区域产业发展及其他交通方式竞争影响较大。在项目建设期间，沿线地区因经济结构调整、产业转移等因素，可能导致客流、货运量不及预期，进而影响项目收益。材料价格波动也是市场风险的重要体现，建设所需钢材、水泥等原材料受宏观经济政策、国际市场供需关系影响，价格不稳定，给项目成本控制带来挑战。

技术风险不容忽视。作为跨海高铁，福厦高铁有诸多技术难题需攻克，如前文提及的泉州湾跨海大桥抗风设计、湄洲湾跨海大桥的矮塔斜拉桥施工技术等。新技术、新工艺的应用在提升工程品质的同时，也带来了风险，若技术方案不成熟或施工过程中技术参数控制不当，可能导致工程质量问题、工期延误甚至安全事故。

自然风险同样对项目构成威胁。项目位于东南沿海地区，地震、台风、洪水等自然灾害频发。地震可能对桥梁、隧道等基础设施造成严重破坏；台风带来强风、暴雨和风暴潮，影响海上施工安全，损坏施工设施，延误工期；洪水可能淹没沿线低洼地段的施工场地，冲毁路基、桥梁基础等，给项目建设带来巨大损失。

2. 风险评估与应对措施

在风险评估方面，福厦高铁项目建立了科学的评估体系。针对市场风险，组织专业市场调研团队，收集沿线地区经济发展数据、产业规划信息以及交通运输市场动态，运用统计分析模型，预测客流、货运量变化趋势，评估市场需求风险等级。同时，密切关注原材料市场价格走势，与专业价格监测机构合作，建立价格预警机制，当原材料价格波动幅度超过一定阈值时，及时发出预警信号。

对于技术风险，聘请国内顶尖的铁路工程专家、高校科研团队以及行业资深技术人员组成技术评审组，在项目设计阶段对关键技术方案进行反复论证，从技术可行性、可靠性、安全性等多维度进行评估。施工过程中，采用先进的监测技术，实时采集桥梁、隧道施工过程中的应力、变形等关键数据，运用大数据分析技术，及时发现潜在技术风险。

自然风险评估依托地质勘查资料、气象历史数据以及专业的灾害风险评估模型，对项目沿线地震、台风、洪水等灾害发生概率、影响范围及破坏程度进行精准评估，绘制风险地图，为制定应对措施提供依据。

风险应对措施方面，针对市场风险，采取多元化经营策略，除传统客运、货运业务外，积极拓展高铁快运、旅游专列等新兴业务，增加收入来源，降低对单一客运、货运市场的依赖。在材料采购上，与供应商签订长期供应合同，约定价格调整机制，锁定部分成本，同时建立材料储备库存，应对短期价格波动。

技术风险应对上，加强与科研院校合作，开展技术攻关项目，提前储备关键技术。施工前进行详细的技术交底，严格按照技术规范施工，建立技术问题反馈机制，及时解决施工过程中的技术难题。

面对自然风险，制定完善的应急预案，与气象部门、地震监测机构建立信息共享机制，提前获取灾害预警信息。台风来临前，加固施工设施，疏散施工人员，储备应急物资；洪水季节来临前，加强河道疏通，提升路基防洪能力，确保施工场地及基础设施安全。同时，为项目关键设施购买工程保险，如桥梁、隧道工程险，通过保险转移部分风险损失。

3. 风险管理成效评估

从风险事件发生次数来看，福厦高铁项目在建设期间，通过有效的风险管理，市场风险引发的重大事件次数控制在每年 2 次以内，主要表现为局部客流短期波动对运营收入的影响，通过及时调整营销策略，未造成持续负面影响；技术风险事件发生次数较少，在关键技术攻关阶段，虽遇到一些难题，但均在可控范围内及时解决，未导致工程停工等严重后果；自然风险方面，面对多次台风、洪水灾害侵袭，由于预警及时、应对措施得力，将灾害对工程建设的影响降到最低，因自然灾害导致的工程停工天数累计不超过 30 天，相较于同类项目显著减少。

风险损失降低率方面，通过风险转移策略，如购买工程保险，在遭遇不可控灾害时，保险理赔覆盖了约 60% 的直接经济损失。综合各项风险应对措施，项目整体风险损失较预期降低了 30%，有效保障了项目投资效益。

从经济效益看，风险管理措施保障了项目建设进度按计划推进，避免了因风险事件导致的工期延误索赔、材料浪费等额外成本支出，为项目提前开通运营创造了条件，提前实现客运、货运收入，投资回收期有望缩短 1~2 年。社会效益上，稳定的建设进度确保了沿线居民按时享受高铁出行便利，促进区域经济交流与发展，提升了项目在当地的认可度与美誉度，为后续铁路项目建设营造了良好社会氛围，如在应对台风灾害后迅速恢复施工，保障民生出行需求，赢得社会各界赞誉，充分体现了风险管理对项目综合效益的提升作用。

第二节　财务管理失败案例的教训与启示

一、案例剖析：问题根源与后果

（一）项目失败情况概述

1. 项目基本情况介绍

以某建筑央企承建的某铁路项目为例，该铁路线路全长约 500 千米，设计时速为 250 千米，总投资预估达 800 亿元，项目计划工期为 5 年。此铁路项目作为区域交通网络的重要组成部分，对于促进沿线地区经济发展、加强区域间的互联互通具有关键意义，一旦建成，将极大带动沿线城市的人员流动、物资运输以及产业协同发展，规模宏大、备受瞩目。

2.项目失败表现形式

无法按时竣工：原计划 5 年的工期，截至第 5 年末，工程整体进度仅完成了 60%，关键路段的轨道铺设、桥梁架设等工作严重滞后，导致通车时间大幅推迟，未能按既定计划投入运营，给沿线地区的经济发展和民众出行预期带来极大负面影响。

成本超支严重：项目初始预算为 800 亿元，但在施工过程中，成本不断攀升。实际支出已突破 1 200 亿元，超支幅度高达 50%。例如，在某段复杂地质条件的隧道挖掘工程中，由于前期地质勘探不准确，施工过程中频繁遭遇涌水、塌方等意外状况，不仅增加了大量的抢险、加固费用，还导致施工周期延长，人工、设备租赁等成本大幅增加。

质量问题频发导致返工：部分已建成的路段出现路基沉降、桥梁裂缝等质量问题。经检测，某段 50 千米的路基，有超过 20% 的区域沉降量超出设计标准允许范围，多处桥梁的关键部位出现裂缝，不得不进行返工修复，耗费了大量的人力、物力与时间成本，严重影响工程进度与质量声誉。

资金链断裂引发停工：由于项目成本超支，资金回笼缓慢，资金缺口逐渐扩大，企业资金周转陷入困境。在施工第 4 年，出现资金链断裂情况，导致多个施工标段被迫停工，大量施工设备闲置，工人工资拖欠，施工现场一片萧条，项目推进陷入僵局。

企业面临巨额亏损与债务危机：该项目的严重亏损使得承建企业财务状况急剧恶化，资产负债率飙升至 90% 以上，面临巨额债务压力。企业不仅在该项目上投入的自有资金血本无归，还因拖欠供应商货款、银行贷款逾期等问题，陷入诸多法律纠纷，信用评级大幅下降，正常经营活动受到极大冲击，甚至危及企业的生存根基。

（二）财务管理问题深入分析

1.资金管理问题

资金筹集计划不合理：过度依赖银行贷款，该铁路项目资金来源于银行贷款占比高达 70%，在项目前期，由于铁路建设行业整体政策收紧，银行贷款额度审批延迟，导致项目启动资金到位不及时，前期筹备工作受阻。同时，融资时机不当，在项目建设中期，市场利率处于上升通道，企业此时仍大量发行长期债券进行融资，使得融资成本大幅增加，进一步加重了资金负担。

资金使用效率低：资金在项目各环节分配不合理，如在某路段的轨道铺设工程中，由于施工方案变更频繁，大量资金被积压在已采购但暂时无法使用的轨道材料上，资金周转缓慢。施工现场材料库存积压严重，部分施工标段库存材料价值高达预算的 20%，占用了大量资金，而一些关键施工环节却因资金短缺而进展缓慢。

资金监控不力：企业对项目资金流向缺乏有效监控，导致资金挪用现象频发。例如，部分子项目承包商私自将工程款用于偿还其他项目债务，累计挪用资金达 5 亿元，严重影响了项目正常推进，而企业未能及时察觉并采取措施制止，直至资金链断裂前夕才发现问题的严重性。

2. 成本控制问题

预算编制不准确：项目前期地质勘探不细致，对复杂地质路段的施工难度估计不足，使得隧道挖掘、桥梁基础施工等工程预算严重偏低。如某特长隧道原预算为 10 亿元，实际施工中因频繁遭遇断层、涌水等地质灾害，施工成本飙升至 20 亿元，超预算 100%。预算编制过程中，对材料价格波动、人工成本上涨等市场因素考虑欠缺，以钢材为例，施工期间钢材价格因市场供需变化上涨了 30%，而预算中未预留相应的调整空间，直接导致材料采购成本大幅超支。

成本监控缺失：在施工过程中，企业未能建立有效的成本监控体系，对各施工标段的成本支出情况掌握不及时、不准确。部分标段出现虚报工程量、重复计费等问题，骗取工程款，而企业内部审核部门未能有效识别，使得项目成本虚增。据统计，因成本监控漏洞，项目多支付工程款达 8 亿元，进一步加剧了成本失控局面。

浪费现象严重：施工现场管理混乱，材料浪费问题突出。如混凝土浇筑过程中，由于模板拼接不严密，导致大量混凝土泄漏，损耗率远超正常标准的 10%，达到 20%。施工设备维护保养不到位，设备故障率高，频繁维修与更换设备零部件，增加了设备使用成本，仅某类大型施工设备的维修费用就超出预算 50%，严重侵蚀项目利润空间。

3. 风险管理问题

风险评估不足：在项目投标阶段，对项目所在地的政策法规变动风险预估不足。当地政府在项目建设期间出台了新的环保政策，要求铁路沿线增加大量环保设施建设，导致项目环保成本骤增 5 亿元，而企业前期未将此类政策风险纳入考量。对自然风险评估不充分，项目所在区域处于地震多发地带，在设计阶段未充分考虑抗震要求，施工过程中遭遇小型地震后，多处已建工程受损，修复成本高达 3 亿元。

风险应对措施无效：面对市场波动带来的原材料价格上涨风险，企业虽签订了部分材料采购合同，但合同中价格调整条款不灵活，无法有效应对大幅价格波动。当钢材价格大幅上涨时，企业仍需按合同高价采购，增加成本支出 2 亿元。在遭遇施工技术难题，如某特殊地质条件下的桩基施工难题时，企业预先制定的技术解决方案无法实施，又缺乏备用方案，导致施工停滞，延误工期 3 个月，额外增加成本 1 亿元。

忽视外部风险因素：未充分考虑项目沿线居民的拆迁安置风险，部分居民对拆迁补偿标准不满，频繁阻工，使得施工断断续续，工期延误长达 6 个月，其间设备闲置、人工窝工等费用增加 3 亿元。对竞争对手的干扰风险防范不足，在项目关键设备采购招标过程中，竞争对手恶意压低价格、抬高技术标准，导致企业中标设备价格偏高、质量不稳定，增加设备采购及后续维护成本 1.5 亿元，还影响了整体施工进度与质量。

4. 财务决策问题

投资决策盲目：在项目可行性研究阶段，对项目未来的客货运量预测过于乐观，依据不准确的市场调研数据，预计项目建成后年客货运量可达 5 000 万人次和 8 000 万吨，实际运营后仅达到预测值的 60%，导致运营收入远低于预期，投资回收期延长 5 年，资金回笼缓慢，给企业资金周转带来巨大压力。盲目追求项目规模，在一些非关键路段采用了高标准设计，增加了不必要的建设成本，如某支线铁路原本设计时速 160 千米即可满足需求，却按 200 千米时速标准建设，使得该段工程造价增加 10 亿元，而对整体运输效率提升有限。

合同管理不善：与分包商签订的合同条款不严谨，对工程质量、工期延误、价款支付等关键事项的约束模糊。部分分包商以合同漏洞为由，拖延工期、降低工程质量，企业为保证项目进度与质量，不得不额外投入资金进行督促与整改，累计增加成本6亿元。在设备采购合同中，未明确设备售后服务标准，设备出现故障后，供应商维修响应迟缓，影响施工进度，造成经济损失8 000万元。

缺乏科学决策机制：项目决策过程中，缺乏专业的财务分析团队参与，多依赖少数管理人员的经验判断。在选择施工技术方案时，未进行详细的成本效益分析，采用了一种新技术，虽理论上能缩短工期，但实际实施后发现技术不成熟，故障频发，不仅未缩短工期，反而增加成本4亿元，延误工期4个月，凸显了决策缺乏科学性、系统性带来的严重后果。

二、教训总结与警示

（一）财务管理失误教训归纳

1. 忽视财务规划重要性

在该铁路项目中，企业从项目启动之初便未制定科学、全面的长期财务规划。项目筹备阶段，未充分考量项目周期内的资金需求节奏，对资金的筹集、使用、回笼等环节缺乏统筹安排，致使资金链断裂风险从一开始便埋下隐患。施工过程中，财务规划未能与工程进度紧密结合，资金分配随意性大，如在关键施工节点，因资金错配导致关键工序延误，进而连锁反应引发整体工期滞后。未对项目成本、收益进行动态预测与规划，成本超支后无法及时通过收益调整进行弥补，财务混乱无序，项目推进举步维艰。

2. 缺乏有效成本管理体系

项目实施前期，成本管控意识淡薄，未构建完善的成本管理体系。预算编制环节，对工程复杂地质条件、材料价格波动、人工成本上升等关键因素预估严重不足，使得预算存在先天性缺陷，成为一纸空文。施工进程中，成本监控体系缺失，无法实时追踪各环节成本支出，对于分包商虚报工程量、材料浪费、设备闲置等问题失察，成本超支如脱缰野马。缺乏成本预警机制，当成本偏离预算达到危险阈值时，未能及时预警并采取纠偏措施，利润空间被不断侵蚀，项目盈利目标化为泡影。

3. 对风险缺乏足够认识和应对能力

企业整体风险意识欠缺，在项目投标、实施全过程，未建立系统的风险评估、预警机制。对外部政策法规变动风险，如环保政策收紧、征地拆迁政策调整等，事前毫无察觉，事中应对失措，只能被动承受巨额成本增加。面对自然风险，如地震、洪水等地质灾害，设计与施工预案准备不足，灾害发生后修复成本高昂，工期延误严重。在市场风险应对上，原材料价格波动、竞争对手恶意干扰等情况频发时，企业缺乏有效对冲手段，合同管理漏洞百出，风险一旦触发便对项目造成致命冲击，项目脆弱不堪。

4. 财务决策缺乏科学性和前瞻性

项目决策过程充斥着主观臆断，多依赖少数管理者过往经验与直觉判断，缺乏严谨科学论证。投资决策环节，市场调研浮于表面，对项目未来客货运量、区域经济发展趋势等关键数据预测偏差极大，盲目上马高标准工程，投资回报率远低于预期，资金深陷泥潭。在施工技术方案、设备采购、分包商选择等日常决策中，未综合考量成本效益、质量安全、工期进度等多维度因素，未运用量化分析工具辅助决策，新设备、新技术贸然上马，故障频出，合同条款漏洞频现，纠纷不断，决策失误层层叠加，将项目拖入深渊。

（二）风险防范与应对建议

1. 加强项目前期财务规划

充分论证项目可行性：在项目投标前期，组织专业的市场调研团队，深入分析项目所在地区的经济发展趋势、客货运需求预测、竞争对手情况等因素，运用科学的预测模型，如回归分析、时间序列分析等，对项目未来的运营收益进行精准预估。结合项目的技术难度、施工条件等工程因素，综合评估项目的可行性，避免盲目跟风投标。例如，针对铁路项目，详细调研沿线城市的产业布局、人口流动趋势，预测未来10~20年的客货运量增长幅度，确保项目投资与预期收益相匹配。

合理制定财务预算：成立由财务专家、工程技术人员、造价师等组成的预算编制小组，在项目规划阶段，依据详细的地质勘探资料、施工图纸、材料设备市场价格走势等信息，制定全面、细致且具有弹性的财务预算。对项目的各项成本支出，如土地征迁、工程建设、设备采购、运营维护等，进行分类细化预算，并预留 10%~15% 的弹性空间，以应对不可预见的费用支出，如政策调整、自然灾害等引发的成本增加。定期对预算执行情况进行监控与分析，确保预算执行的严肃性与有效性。

做好资金筹集规划：结合项目的资金需求曲线、建设周期、企业自身的财务状况以及市场融资环境，制定多元化的资金筹集方案。优化融资结构，合理控制银行贷款、债券融资、股权融资等不同融资渠道的比例，避免过度依赖单一融资方式。例如，在市场利率较低、企业信用评级良好时，优先考虑发行长期债券，锁定较低的融资成本；同时，积极引入战略投资者，充实项目资金池，降低资产负债率，分散融资风险。提前与金融机构沟通，确保资金按时足额到位，保障项目顺利推进。

2. 建立健全成本控制制度

强化成本核算：构建精细化的成本核算体系，以施工工序、单项工程为核算单元，将成本费用细化到人工、材料、机械使用、间接费用等各个明细项目。引入先进的成本核算软件，实现成本数据的实时采集、录入与分析，确保成本核算的及时性与准确性。例如，在材料成本核算方面，通过物联网技术，对材料的采购、入库、领用、库存等环节进行全程跟踪记录，精确计算每一批次材料的实际成本，为成本控制提供精准的数据支撑。

严格控制成本支出：建立严格的成本审批流程，对各项费用支出，尤其是大额资金的使用，实行分级审批制度。明确各部门、各岗位在成本控制中的职责与权限，杜绝不合理的开支与浪费现象。加强对施工过程中的成本监控，如在劳务分包环节，通过公开招标、竞争性谈判等方式，选择性价比高的分包商，并严格按照合同约定的工程量与计价方式进行结算；在材料采购环节，建立供应商库，定期进行比价采购，降低采购成本。同时，加强施工现场管理，杜绝材料浪费、设备闲置等现象，提高资源利用效率。

建立成本预警机制：设定成本预警指标，如成本偏差率、成本利润率等，当实际成本偏离预算达到一定阈值时，如成本偏差率超过 5%，系统自动发出预警信号。预警信号触发后，迅速组织相关部门进行成本分析，查找成本超支的原因，及时采取调整措施，如优化施工方案、调整资源配置、变更合同条款等，确保项目成本始终处于可控范围内。定期对成本预警机制进行评估与优化，提高其预警的准确性与及时性。

3. 完善风险管理体系

增强风险意识：加强对企业全体员工的风险培训教育，通过案例分析、专题讲座、模拟演练等形式，普及风险管理知识，让每一位员工都认识到风险管理的重要性，树立全员风险防范意识。尤其是项目管理人员、财务人员，要将风险管理贯穿于项目的全过程，从项目投标、合同签订、施工建设到竣工验收，时刻保持对风险的敏锐洞察力。

加强风险评估和预警：在项目前期，组织专业的风险管理团队，对项目可能面临的各类风险，如政策法规风险、自然风险、市场风险、技术风险等，进行全面、深入的识别与评估。运用定性与定量相结合的方法，如层次分析法、蒙特卡罗模拟法等，量化风险发生的概率与影响程度，确定风险等级。建立风险预警指标体系，实时监测风险因素的变化，当风险指标达到预警阈值时，及时发出预警信息，为风险应对争取时间。例如，针对自然风险中的地震风险，通过在项目沿线设置地震监测仪，实时采集地震数据，结合地震预警模型，提前预测地震可能对项目造成的破坏程度，提前做好防范措施。

制定有效的风险应对策略：根据风险评估结果，针对不同等级、不同类型的风险，制定差异化的应对策略。对于高风险事件，如政策法规重大调整、不可抗力自然灾害等，制定应急预案，明确应急响应流程、责任分工、资源调配等内容，确保在风险发生时能够迅速、有效地进行应对，将损失降至最低；对于中低风险事件，如市场价格波动、技术难题等，采取风险规避、风险减轻、风险转移、风险接受等策略，如签订固定价格合同、购买保险、优化施工工艺等，降低风险对项目的影响。定期对应对策略的有效性进行评估与调整，不断完善风险管理体系。

4. 提升财务决策水平

运用科学决策方法：在项目投资决策、施工方案选择、设备采购、合同签订等关键环节，引入净现值法、内部收益率法、决策树分析法、模糊综合评价法等科学的决策方法，对不同方案的成本效益、风险收益进行量化分析，为决策提供客观、准确的数据支持。例如，在选择铁路施工技术方案时，运用决策树分析法，对传统施工技术与新技术的施工成本、工期、质量风险、预期收益等因素进行综合比较，权衡利弊，选择最优方案。同时，结合专家经验判断，弥补量化分析的局限性，提高决策的科学性与可靠性。

充分考虑财务因素和市场变化：财务部门要深度参与项目决策过程，提供全面的财务分析报告，充分揭示项目的投资规模、资金来源、成本结构、收益预测、偿债能力等财务状况，为决策提供依据。密切关注宏观经济形势、行业政策法规、市场价格波动等外部因素的变化，及时调整决策方案，确保项目的经济效益与市场适应性。例如，在项目投资决策时，考虑到市场利率的波动趋势，合理安排融资时机与融资规模，降低融资成本；在材料采购决策时，根据市场价格走势，灵活选择采购时机，规避价格风险。

建立决策监督机制：设立独立的决策监督小组，对项目重大决策的制定与执行过程进行全程监督，确保决策程序的合规性、决策依据的充分性、决策执行的有效性。定期对决策效果进行评估与复盘，总结经验教训，发现问题及时纠正，对因决策失误导致重大损失的责任人进行问责，形成有效的决策约束机制，提升决策质量。例如，对项目投资决策的实施效果进行后评价，对比实际投资收益与预期目标的偏差，分析原因，为后续项目决策提供参考。

第三节 财务管理最佳实践的总结与推广

一、建筑央企多项目财务管理经验汇总

（一）铁路项目财务管理经验

1. 资金管理要点

在铁路项目建设中，资金管理至关重要。以某高铁项目为例，其线路全长超 500 千米，穿越多个地区，施工周期长达 5 年。建设初期，项目团队搭建资金集中管理平台，依托银行现金管理系统，将各工区账户资金实时归集至总部资金池，实现资金统筹调配。每月依据施工进度精细编制资金计划，明确各环节资金需求，如桥梁桩基施工阶段，依据桩基数量、施工工艺及材料消耗，精准核算资金用量，确保资金按进度精准拨付。同时，利用信息化系统实时监控资金流向，对大额资金支出进行预警提示，有效杜绝资金挪用

风险，保障项目资金链稳定，避免资金闲置与断流，提高资金使用效率超20%。

2. 成本控制策略

成本控制是铁路项目盈利的关键。某铁路复线项目全长 300 千米，涉及大量土石方、桥梁、隧道工程。项目伊始，依据设计图纸、地质勘查资料，结合市场价格波动，编制精准成本预算，细化至各分项工程，如隧道开挖每立方米成本、桥梁混凝土每方成本等。施工中，严控设计变更，建立变更审批流程，对于非必要变更坚决否决；对于因地质变化等合理变更，组织专家论证，优化变更方案，降低成本影响。如某隧道原设计支护方案变更，经优化减少钢材用量 10%。同时，引入 BIM 技术优化施工方案，模拟施工流程，提前发现问题，避免返工，通过精准成本管控，项目成本降低率达 15%，效益显著提升。

3. 风险管理实践

铁路项目面临诸多风险。某山区铁路项目，全长 400 千米，桥隧比超70%，地质复杂，施工难度大。项目前期，组织专业团队深入勘查，识别地质灾害、工期延误、物资价格波动等风险。针对地质风险，与保险公司合作，投保工程一切险、第三者责任险，转移风险损失；对高风险隧道，采用超前地质预报、加强支护等措施应对。面对工期风险，优化施工组织设计，增加关键线路资源投入，如长大隧道进出口同时作业，缩短工期；同时，加强与供应商长期合作，签订价格调整合同，应对物资价格波动。通过系列措施，项目虽遇多次地质难题，但仍按时通车，风险损失控制在预算 5% 以内。

（二）高速公路项目财务管理经验

1. 资金管理亮点

某跨省高速公路项目，全长 800 千米，途经多省不同地质地貌区域，施工难度大、周期长。为保障资金供应，项目团队创新筹资模式，一方面争取到国家专项建设基金 15 亿元，省级财政补贴 8 亿元；另一方面与多家银行达成银团贷款协议，获取贷款 50 亿元，贷款期限 20 年，利率较同期基准利率下浮 10%。资金到位后，设立项目资金专户，专款专用，利用信息化资金管控平台，依据施工进度分月度、季度制订资金计划，精准拨付。如路面铺设阶段，依据路面面积、沥青用量、施工机械租赁时长等核算资金，按周拨付至各施工段，确保资金流向透明、可控，避免资金挪用风险，保障项目顺利推进，未出现因资金问题导致的停工现象。

2. 成本控制措施

在某城市环线高速公路项目中，全长 150 千米，穿越城区与郊区，涉及互通立交、高架桥等复杂工程。项目成本控制精细，材料采购上，构建供应商数据库，对钢材、水泥等主材集中招标采购，通过量大优势压低价格，如水泥采购价比当地市场均价低 10%；同时，优化运输路线，采用联合运输，降低运输成本 15%。人工成本管控方面，依据工程量清单，合理配置施工人员，避免窝工，对关键工序工人进行技能培训，提高劳动效率，如桥梁桩基施工效率提升 20%。施工中，运用网络计划技术优化工期，提前 3 个月竣工，减少管理费用、设备租赁费用等支出，项目成本利润率较预期提升 8 个百分点。

3. 税务筹划方案

某高速公路扩建项目，在原 4 车道基础上扩至 8 车道，路线长 200 千米。项目团队深入研究税收政策，利用增值税进项税额抵扣政策，在设备采购、材料购进环节，严格审核发票，确保足额抵扣，如购置大型筑路设备抵扣进项税 800 万元。对工程涉及的不同业务，合理拆分合同，如将路基工程与绿化工程分别签约，适用不同税率，降低税负。同时，积极争取税收优惠，因项目符合节能环保要求，申请减免企业所得税 300 万元，通过合理税务筹划，增加项目资金流，保障项目后期运维资金充足，有效降低财务成本。

二、财务管理最佳实践框架与指南构建

（一）框架搭建原则与思路

构建施工项目财务管理最佳实践框架，需遵循全面性、适用性、动态性原则。全面性上，涵盖资金、成本、风险、税务、信息化等各领域，从项目筹备至竣工全阶段，确保无管理死角。适用性要求立足施工企业特点，兼顾不同规模、类型项目，如大型铁路与小型市政工程，使框架贴合实际。动态性则考虑内外部环境变化，如政策法规、市场波动等，及时更新优化，保持

实践先进性。以某建筑央企为例,其框架搭建从明确财务管理目标出发,依据战略规划设定项目盈利、资金周转率等指标;梳理流程,涵盖预算、核算、结算各环节;搭建组织架构,明确集团、子公司、项目部权责,为实践落地奠定基础。

(二)各维度最佳实践整合

1.资金管理模块

基于多项目经验,构建精细资金管理流程。首先,精准编制资金计划,依据项目进度、合同付款节点、物资采购周期等,制定月度、季度资金预算,如铁路隧道工程,依据开挖、衬砌、轨道铺设等工序进度,细化各阶段资金需求。资金监控上,借助银行资金监管系统与企业 ERP,实时跟踪资金流向,对异常流动进行预警,防止资金挪用。调配环节,搭建集团资金池,依据各项目资金盈缺,通过内部借贷、委托贷款等调配,平衡资金供需,提升资金效益,确保项目资金链稳固,降低资金成本。

2.成本控制模块

整合形成全过程成本管控体系。目标成本设定环节,依据项目招投标文件、施工图纸、市场价格,结合企业定额,测算各分项工程成本,如高速公路桥梁工程,细分桩基、墩身、箱梁等成本目标。预算编制细化至人工、材料、机械等费用,施工中严格执行,严控设计变更,建立变更审批"双控"机制,即技术与成本部门联合审核。成本核算精准至各作业班组、施工段落,定期分析成本偏差,如每月对比实际与预算成本,偏差超 5% 即刻溯源整改,通过精准管控,保障项目成本可控,提升盈利能力。

3.风险管理模块

融合构建动态风险管理机制。风险识别阶段,组建跨部门团队,涵盖工程、技术、财务等人员,梳理项目全生命周期风险,如铁路项目识别政策、地质、技术、市场等风险。评估环节,运用定性与定量结合方法,如风险矩阵、蒙特卡罗模拟,量化风险概率与损失。应对策略上,针对高风险制定专项预案,如地质风险投保、技术风险引入专家论证、市场风险签订价格调整合同,施工中持续监控风险,动态调整策略,提升风险应对效能,保障项目稳健推进。

4. 税务筹划模块

归纳形成合规税务筹划指南。政策研读层面，安排专人跟踪税收法规，如研读增值税、企业所得税新政。筹划方案设计依据项目业务，合理拆分合同，区分不同税率业务，如建筑服务与设备租赁；利用税收优惠，如绿色建筑项目申请所得税减免，购置环保设备抵免税额。同时，强化税务风险防控，规范发票管理，定期税务自查，防范税务违规，减轻税负，优化项目现金流。

5. 财务信息化建设模块

结合打造高效财务信息化平台。软件选型上，依据企业规模、项目复杂度，筛选适配的 ERP、财务管理软件，如大型铁路项目选用功能集成的甲骨文 EBS，小型市政项目采用用友 U8。系统集成环节，打通财务与业务系统，实现数据实时交互，如物资采购数据同步至财务，自动生成凭证。数据安全保障上，构建防火墙、加密传输、定期备份机制，严控数据访问权限，依据岗位授权，保障财务数据安全，提升财务管理效率与决策科学性。

参考文献

[1] 蔡燕 . BT 项目施工财务管理及案例分析 [J]. 财经界，2023（30）: 123-125.

[2] 朱云霞 . 如何加强和提升建筑施工财务管理 [J]. 财讯，2023（19）: 161-163.

[3] 李菊 . 强化路桥工程施工财务管理的策略 [J]. 现代企业文化，2024（17）: 28-30.

[4] 张国芳 . 加强和提升建筑施工财务管理研究 [J]. 环渤海经济瞭望，2023（6）: 97-99.

[5] 徐国兵 . 业财融合视域下建筑施工企业财务管理转型措施 [J]. 西部财会，2024（8）: 62-64.

[6] 温馨 . 建筑施工企业存在的财务管理问题及对策分析 [J]. 投资与创业，2024，35（11）: 88-90.

[7] 吴杰 . 建筑施工企业财务管理风险及审计对策研究 [J]. 财经界，2024（31）: 144-146.

[8] 闫宏江 . 新收入准则对施工企业会计核算与财务管理的影响 [J]. 财讯，2024（3）: 165-167.

[9] 谭家锋 . 新形势下做好施工企业财务管理工作的探讨 [J]. 品牌研究，2024（9）: 188-190.

[10] 高哲 . 业财融合视野下施工企业财务管理创新的相关分析 [J]. 财经界，2024（27）: 93-95.

[11] 张甜甜 . 会计集中核算背景下施工企业财务管理存在的问题及应对策略 [J]. 投资与创业，2024，35（5）: 67-69.

[12] 熊后后 . 公路施工企业工程项目财务管理与成本控制探究 [J]. 投资与创业，2024，35（1）: 95-97.

[13] 夏佳容.建筑施工企业财务管理中存在的问题及其对策 [J]. 中国农业会计，2024，34（8）：39–41.

[14] 杨清惠.基于业财融合的建筑施工企业财务管理转型 [J]. 南北桥,2024(4)：4–6.

[15] 陆耀华.新形势下建筑施工企业财务管理信息化建设的问题与策略 [J]. 中国市场，2024（22）：149–152.

[16] 陈晓杰.业财融合背景下建筑施工企业财务管理转型探讨 [J]. 财会学习，2024（17）：37–39.

[17] 叶珊.建筑施工企业财务管理风险防范策略 [J]. 中国农业会计，2024，34（23）：50–52.

[18] 杨婧琦.新时期建筑施工企业财务管理的重要性及优化策略 [J]. 财会学习，2024（30）：17–19.

[19] 陈淑君.建筑施工企业财务管理风险及审计分析 [J]. 现代经济信息，2024，38（3）：40–42.

[20] 张荣威.基于建筑施工企业财务管理的海外数字化管理研究 [J]. 中国市场，2024（12）：159–162.

[21] 姚平.新收入准则下公路施工企业财务管理现状及发展策略 [J]. 财会学习，2024（17）：10–12.

[22] 吴文婕.建筑施工企业财务管理存在的问题与应对策略 [J]. 南北桥，2024（10）：25–27.

[23] 张迎娟.工程施工企业财务管理信息化风险管控 [J]. 财会学习,2024（13）：34–36.

[24] 张晓波.基于业财融合的建筑施工企业财务管理转型探析 [J]. 中小企业管理与科技，2024（8）：166–168.

[25] 刘帅莉.建筑施工企业在财务管理工作中的问题与对策 [J]. 财讯，2024（13）：100–102.

[26] 王伟.全面预算财务管理模式在路桥施工项目中的运用研究 [J]. 财会学习，2024（18）：37–39.

[27] 芦燕妮.实行数电票对建筑施工企业财务管理的影响研究 [J]. 南北桥，2024（17）：190–192.

[28] 孙曼．大数据时代下施工企业财务管理模式的创新策略与前瞻性分析 [J].
中国电子商务，2024（14）：77-80.

[29] 贾文英．水利施工企业会计集中核算的财务管理对策 [J]. 中国乡镇企业会
计，2024（2）：89-91.

[30] 刘翠翠．管理会计在建筑施工企业财务管理中的应用研究 [J]. 南北桥，
2024（15）：58-60.

[31] 聂骊．新形势下建筑施工企业财务管理的新举措 [J]. 现代经济信息，
2024，38（1）：58-60.

[32] 王俊强．业财融合的建筑施工企业财务管理转型探讨 [J]. 审计与理财，
2024（1）：60-62.

[33] 陈思朵．财务共享模式下建筑施工企业财务管理信息化建设的研究 [J]. 当
代会计，2024（16）：25-27.

[34] 杨亚军．施工企业项目财务管理风险及规避措施 [J]. 投资与创业，2024，
35（15）：106-108.

[35] 杨敏．信息化时代建筑施工企业财务管理转型 [J]. 知识经济，2024，680
（16）：86-88.

[36] 肖乐乐．建筑施工企业财务管理中存在的问题及对策 [J]. 天津经济，2024
（7）：64-66.

[37] 黄雪茹．建筑施工企业 PPP 项目财务管理探讨 [J]. 行政事业资产与财务，
2024（18）：88-90.

[38] 黄爱．精细化财务管理赋能建筑施工企业价值创造的策略探讨 [J]. 企业改
革与管理，2024（20）：146-148.

[39] 黎玉凤．施工总承包公司在大规模基础设施建设中的供应链财务管理研究
[J]. 投资与创业，2024，35（7）：95-97.

[40] 郭小华．建筑施工企业财务管理信息化建设的策略探索 [J]. 南北桥，2024
（3）：91-93.